AF389911

L'ART

DE

FABRIQUER LE SALIN

ET LA POTASSE.

SUIVI des *Expériences sur les moyens de multiplier la fabrication de la Potasse,* par le citoyen PERTUIS, & par le citoyen B. G. SAGE.

POUR *faire suite à l'Ouvrage intitulé :* Instruction sur l'établissement des Nitrières, & sur la fabrication du Salpêtre.

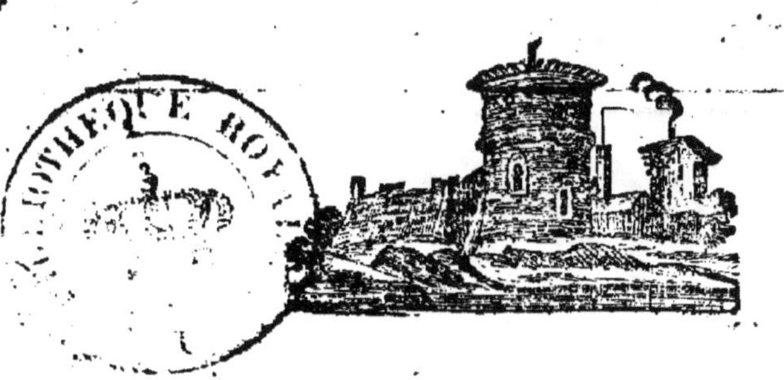

A PARIS,

Chez CUCHET, Libraire, rue & maison Serpente.

L'AN II DE LA RÉPUBLIQUE, UNE ET INDIVISIBLE.

AVERTISSEMENT.

LE but de l'Ouvrage que nous publions eſt de faire connoître les moyens les moins diſpendieux & les plus avantageux pour fabriquer le Salin & la Potaſſe , & de développer les principes d'un art qui n'eſt pas connu dans la république françoiſe , où il y en a tant d'autres, que le génie de ſes habitans a portés à leur perfection.

On donne le nom de Salin au ſel alkali retiré par la lixiviation, évaporation & deſſiccation des cendres des bois & des plantes qui en fourniſſent, & le nom de Potaſſe à ce même alkali , rendu plus fort & plus pur par la diſſolution, l'évaporation à ſiccité & la calcination du Salin.

Après avoir donné les premières notions ſur la nature des cendres des végétaux & de l'alkali qu'on en retire ;

après avoir fait connoître les méthodes employées en Ruffie, en Suède & en d'autres pays abondans en bois pour la fabrication de la plûpart des potaffes qui font dans le commerce, on entre dans l'examen de ces procédés, & on fait des obfervations fur les défauts qu'on a re-marqué dans la plûpart de ces mêmes procédés actuellement en ufage.

Le chapitre dans lequel on traite des diverfes efpèces de bois qu'on peut brûler avec plus d'avantage pour en faire le Salin & la Potaffe, eft très-intéreffant ; on y rend un compte fort détaillé des recherches qui ont été faites jufqu'à préfent fur cet objet, on y ajoute des réflexions importantes, on y expofe enfin un grand nombre d'expériences faites pour reconnoître les efpèces de bois & de plantes dont les cendres fourniffent le plus de Salin & de Potaffe.

Ces expériences, dont les réfultats font indiqués dans plufieurs tables très-commodes, peuvent être regardées comme neuves, à caufe de l'exactitude

avec laquelle elles ont été faites , exactitude abfolument néceffaire pour qu'on
puiffe compter fur les réfultats.

On a confacré un chapitre de cet
Ouvrage à indiquer les divers moyens
par lefquels on peut fe procurer de l'alkali
fixe à bon marché , tel , par exemple ,
que celui des leffives , des buanderies ,
qui eft perdu , & dont la perte habituelle
eft très-confidérable ; & celui des cendres
d'un grand nombre de matières végétales,
qu'on pourroit faire amaffer à peu de
frais par des femmes, des enfans , des
vieillards , & brûler pour en obtenir les
cendres : & comme la quantité de fel
alkali contenu dans les diverfes efpèces
de cendres , eft très-inégale , on indique
aux fabricans de falin ou de potaffe ; une
épreuve par laquelle ils pourront s'affurer
de la quantité de fel contenu dans les
cendres qu'on leur apportera , & par
conféquent du prix qu'ils en pourront
donner. Cette épreuve confifte à faire
une petite leffive avec une quantité déterminée de cendres & d'eau bouillante,
& à reconnoître le degré de force de

cette leſſive , par le moyen d'un pèſe-liqueur. Les auteurs ont même joint une table très-utile du rapport des degrés de ce pèſe-liqueur avec la quantité d'alkali des diverſes cendres , & par conſéquent avec le prix qu'elles pourroient valoir.

De-là , après s'être bien aſſuré , par un grand nombre d'expériences exactes, que les cendres doivent être leſſivées à l'eau chaude , & non à l'eau froide , pour en extraire tout le ſalin , on entre dans le détail d'une méthode économique pour leſſiver les cendres.

Cet Ouvrage eſt terminé par la deſ-cription du procédé qu'on emploie à l'Agence nationale des poudres & ſal-pêtres , pour la calcination du ſalin.

On a cru devoir joindre à la ſuite de cet Ouvrage , diverſes expériences de pluſieurs auteurs , extrêmement utiles pour l'inſtruction & pour la multiplica-tion des produits en Potaſſe. De ſorte que ces travaux réunis préſentent le re-cueil de tout ce qui a été écrit de plus intéreſſant ſur cette matière.

TABLE
DES
MATIÈRES.

L'ART

DE

FABRIQUER LE SALIN

ET LA POTASSE.

CHAPITRE PREMIER.

De l'Alkali fixe végétal, que l'on nomme en France, Salin ou Potasse.

L'ALKALI fixe végétal est un sel qu'on retire après la combustion des matières végétales des cendres qu'on a lessivées.

Ce sel dans son plus grand état de pureté, est de couleur blanche & sans odeur ; sa saveur est âcre, caustique & urineuse ; & cette saveur urineuse paroît plus sensible quand on l'a dissous dans l'eau ; il est connu dans le commerce sous le nom de *salin* & de *potasse*.

A

On donne le nom de *falin*, à la matière concrète qui reſte au fond d'un vaiſſeau après l'évaporation, juſqu'à ſiccité, d'une leſſive de cendres : en Allemagne on la nomme *potaſſe crue*.

Le ſalin qui ſe vend dans le commerce eſt ordinairement d'une couleur brune, plus ou moins foncée, l'intenſité de cette couleur dépend du degré de deſſiccation qu'on a donné à la matière ; ſi la deſſication a été pouſſée au point de faire ſubir au ſalin une ſorte de torréfaction, il prend alors diverſes couleurs ; ſi enfin on l'expoſe à un feu de réverbère, ſa couleur change encore ; ces variations, opérées par l'effet du feu, ſont dues aux ſels neutres que le ſalin contient, & aux terres, ainſi qu'aux minéraux, & principalement au fer qu'on n'en a pas ſéparés.

Le ſalin, après avoir paſſé au fourneau de réverbère, prend, dans le commerce, le nom de *potaſſe* ; ſa couleur eſt ordinairement, ou griſe, ou bleu d'ardoiſe, ou blanche perſillée de bleu ; on en trouve rarement de parfaitement blanche.

Lorfque la potaffe a été bien calcinée, elle eft poreufe & anguleufe comme les fcories des métaux, légère & fonnante comme la pierre-ponce.

La potaffe a la propriété d'attirer l'humidité de l'air, & de fe charger, lorfqu'elle y eft expofée, de deux fois fon poids d'eau : on ne peut la conferver parfaitement sèche que dans des vafes exactement fermés.

Le falin attire encore plus promptement l'humidité de l'air, & on ne peut employer trop de précautions pour l'en préferver.

Pour diftinguer le falin de la potaffe, nous appelerons *falin* le fel alkali qui n'a pas paffé au fourneau de calcination, & nous lui donnerons celui de *potaffe* lorfqu'il a été calciné.

Nous n'examinerons point dans ce moment-ci, fi le fel alkali exifte dans les végétaux avant leur combuftion, ou s'il fe forme feulement à l'inftant de la combuftion, s'il eft le produit de la décompofition par la putréfaction des matières végétales & animales ; nous n'entrerons pas non plus dans le détail des diverfes combinaifons dont ce fel eft fufceptible avec diverfes fubftances ; nous nous contenterons de dire qu'avec les huiles & les matières graffes , il forme le favon, & que le falpêtre eft le réfultat de fa combinaifon avec l'acide nitreux.

Nous rendrons compte des diverfes méthodes employées en Europe pour obtenir le fel alkali fixe végétal que nous nommons *falin*, ainfi que de celles qu'on met en ufage pour le calciner ; nous dirons quelles font les méthodes pour l'une et l'autre de ces opérations auxquelles nous croyons devoir donner la préférence, & nous ferons part au public des expériences que nous avons faites, tant pour connoître le produit en fel alkali de diverfes efpèces de bois & de plantes, que pour s'affurer de celui que peuvent donner les cendres qui fe trouvent dans le commerce, afin de déterminer la valeur qu'elles ont pour la fabrication du falin.

CHAPITRE II.

Des diverses méthodes employées pour la fabrication du Salin.

1°. (*a*) « LA manière la plus usitée de
» faire le salin consiste à faire brûler une
» grande quantité de bois,& à extraire le sel
» de la cendre qu'il fournit après la com-
» bustion. »

» On met les cendres dans une grande
» cuve de cuivre, on y ajoute une suffisante
» quantité d'eau, on fait bouillir ce mélange
» afin de dissoudre le sel de la cendre , on
» laisse reposer la lessive , on la décante dans
» une autre chaudière, & on la fait évaporer
» jusqu'à siccité ; le sel qu'on en tire est
» roux. »

» 2°. (*b*) On fabrique de la potasse par
» occasion dans certains endroits où on fait
» beaucoup de charbon. »

(*a*) Dictionnaire des Arts & Métiers , article
Potasse.
(*b*) *Ibidem.*

(6)

» On arrange pour cela des tuyaux de
» poêle qui traverſent les tas de bois que l'on
» a diſpoſés pour les convertir en charbon;
» lorſque ce bois brûle, l'humidité diſtille
» par les tuyaux, & charrie avec elle une
» grande quantité de ſels contenus dans le
» bois; on la reçoit dans des baquets que l'on
» a diſpoſés à cet effet : quand le bois eſt
» converti en charbon & qu'il ne rend plus
» de liqueur, on enlève les baquets. »

» Cette liqueur eſt acide & eſt chargée de
» beaucoup de ſel & d'huile empyreuma-
» tique, on la fait deſſécher dans des chau-
» dières de fer ou de cuivre. ».

» 3°. (a) Après avoir coupé le bois, on
» l'entaſſe dans des creux forts grands que
» l'on fait en terre pour cet uſage, on y fait
» brûler doucement les arbres que l'on y a
» amaſſés & on en recueille les cendres, on
» les lave pour en ſéparer la partie ſaline :
» lorſque l'eau eſt ſuffiſamment chargée de
» ſel, on la fait évaporer juſqu'à ſiccité dans
» des chaudières de fer, au fond deſquelles

____

(a) Dictionnaire Encyclopédique, article *Potaſſe*.

» le sel s'attache si fortement, que l'on est
» obligé de l'en détacher avec des ciseaux
» & des maillets. »

» 4°. (a) Tous les arbres & toutes les
» plantes, après leur destruction & après
» avoir été réduits en cendres par l'action
» du feu, donnent un sel d'une seule &
» même espèce ; il y en a seulement qui
» en fournissent plus abondamment que
» d'autres. »

» Plus la cendre est vieille, plus elle
» fournit de potasse, il faut la tenir dans un
» lieu humide ; les meilleures sont celles qui
» proviennent de bois durs. »

» En été, on lessive à l'eau froide, & en
» hiver, avec moitié eau chaude & moitié
» eau froide ; si l'eau étoit trop chaude, la
» cendre se gâteroit, & sa graisse ne pour-
» roit s'en séparer. »

» La meilleure eau pour le lessivage est
» celle qui a séjourné & croupi, elle donne
» le double de potasse que celle qui est claire
» & crue. »

(a) L'Art de la Verrerie, par Kunckel.

» On place dans des cuviers faits de bois
» de chêne ou de bois de pin, d'un pouce &
» demi d'épaisseur, un faux fond fur lequel
» on met un lit de paille, on arrange enfuite
» la cendre dont on foule les premières por-
» tions, afin que l'eau ne puiffe paffer trop
» vîte ; on renouvelle la paille toutes les fix
» femaines en hiver, et en été tous les deux
» mois feulement. ».

» Pendant l'évaporation, lorfque la li-
» queur ceffe de fumer, c'eft alors qu'elle
» commence à fe changer en falin, il faut la
» remuer avec un bâton pour que le falin fe
» raffemble dans le milieu de la chaudière,
» on diminue le feu, on le laiffe éteindre &
» on enlève le falin à coups de cifeaux. »

» En Saxe & en Bohème, le falin fe fait
» de la même façon. »

» 5°. (a) La manière de faire la potaffe
» eft différente felon la différence des na-
» tions, la meilleure eft celle qui eft en
» ufage en Suède. »

» En Smoland, il y a des forêts immenfes

____

(a) Dictionnaire de l'Induftrie.

» remplies de hêtres , dont on fe fert pour
» faire de la potaffe ; dans d'autres provinces
» de la ſuède , on emploie l'aune au même
» uſage , au défaut du hêtre. »

» On coupe le bois par morceaux , on
» l'arrange en piles & on le réduit en cendres
» à petit feu , on ſépare enſuite avec ſoin
» ces cendres des immondices & des char-
» bons qui y ſont mélés , ce qu'on appelle
» *racler* , après quoi on les amaffe dans des
» barils faits d'écorce d'arbre , pour les
» tranſporter dans des cabanes bàties dans
» le bois exprès pour cet uſage ; on continue
» juſqu'à ce qu'on ait amaffé une quantité
» ſuffiſante de ces cendres, alors on choiſit un
» endroit convenable où on fait une eſpèce
» de pâte de ces cendres , en y mêlant de
» l'eau que l'on verſe peu-à-peu, comme
» quand on veut faire du mortier ; on dreffe
» enſuite à terre un lit de ſouches de pin
» verd , que l'on enduit par-tout de cette
» pâte de cendre : ſur cette première couche
» on en étend une ſeconde de ces mêmes
» ſouches , diſpoſées en travers & enduites
» d'une pàte de cendre comme la première,

» & l'on continue d'élever ainsi couche sur
» couche, jusqu'à ce que toute la pâte soit
» employée. »

» Ces piles sont souvent aussi hautes que
» des maisons, on met le feu à la masse avec
» du bois sec, on le rend aussi violent qu'il
» est possible, & on le soutient ainsi jusqu'à ce
» que ces cendres commencent à rougir & à
» devenir fluides , aussi - tôt on renverse
» promptement la pile avec de longues per-
» ches, & tandis que les cendres sont encore
» en fusion , on les bat avec des bâtons longs
» & flexibles, afin que les souches de bois
» s'incrustent de ces cendres ; par ce moyen,
» celles-ci forment autour du bois une croûte
» solide, qui, si l'opération est bien faite, est
» aussi dure qu'une pierre ; enfin , on racle
» ces cendres, ou plutôt ce sel ainsi préparé ,
» avec des instrumens de fer ; c'est ce qu'on
» vend sous le nom de potasse : ce sel est
» d'un noir bleuâtre & ressemble assez aux
» scories de fer ayant, par-ci par-là, des points
» de pur sel d'un blanc verdâtre. »

» 6°. (a) Il y a quelques années qu'on

____

(a) Dictionnaire Encyclopédique , article *Potasse.*

» a publié en Angleterre une méthode pour
» faire de la potasse semblable à celle de
» Russie ; elle est due au Chevalier Pierre
» Waren. »

» Il dit que le bois dont on se servira
» doit avoir été coupé depuis le mois de
» novembre jusqu'au mois de février ; on le
» laissera sécher en pile une année entière ; au
» bout de ce temps on le brûlera sur une aire,
» garnie de briques & couverte, afin d'obte-
» nir plus de cendres ; on passera cette cendre
» par un tamis, après quoi on la mettra dans
» des cuves ; on y versera de l'eau de pluie ou
» de fontaine, en assez grande quantité pour
» qu'elle y surnage, on laissera le tout pen-
» dant quatre ou cinq mois dans cet état ; au
» bout de ce temps on aura des fourneaux
» semblables à des fours de boulangers, dont
» l'entrée doit être large, & qui auront à leur
» partie supérieure trois ou quatre regiftres
» pour la circulation de l'air, que l'on pourra
» fermer en cas de besoin ; on allumera un
» grand feu dans ces fourneaux avec du bois
» de chêne ou de sufin ; alors on y mettra
» des cendres humectées qui se durciront &

» se vitrifieront ; on continuera à donner un
» grand feu jusqu'à ce que le fourneau soit
» rempli de cendres , par ce moyen elles
» deviendront compactes, & elles se mettront
» en grandes masses dont on remplira des
» tonneaux, de façon qu'elles soient garan-
» ties du contact de l'air. »

» 7°. (a) La manière la plus sûre pour
» faire de bonne potasse, seroit de brûler le
» bois à l'air libre, afin que la partie grasse
» & huileuse puisse se dissiper ; de ramasser
» des cendres , d'en séparer, autant qu'il est
» possible, les charbons qui y sont mélés, de
» laver ces cendres avec de l'eau froide. Quand
» cette eau sera suffisamment chargée de sels,
» on la filtrera & on la fera évaporer jusqu'à
» siccité , & lorsque le sel sera bien sec , on
» n'aura qu'à le faire rougir dans un fourneau
» où on le tiendra quelque temps dans cet
» état sans permettre qu'il entre en fusion ;
» on pourra, si on le juge nécessaire, réitérer
» cette calcination à plusieurs reprises. »

» 8°. (b) On place des cuviers sur des

____

(a) Dictionnaire Encyclopédique , article *Potasse*.
(b) Mémoire fourni par M. Nadal , Commissaire

» traiteaux affez élevés pour qu'on puiffe
» mettre par-deffous des vafes de bois, appelés
» *recettes*, deftinés à recevoir la liqueur ; les
» cuviers font percés de deux trous au bas
» du fond pour y mettre des anches , dont
» les broches font arrondies d'un côté pour
» empêcher l'écoulement de la liqueur, &
» carrées de l'autre pour le faciliter. »

» On garnit la furface intérieure du fond
» des cuviers de linteaux, placés l'un contre
» l'autre pour former un faux fond ; fur
» celui-ci on en forme un autre tranfverfale-
» ment, que l'on couvre de petites poignées
» de paille, ferrées l'une contre l'autre, dont
» on fait deux rangées , on remplit enfuite
» les cuviers de cendres. »

» On commence le leffivage de ces cendres
» en les humectant d'un peu d'eau tiède, on
» en met enfuite d'un peu plus chaude, &
» enfin on y verfe de l'eau bouillante; lorfque
» les cuviers font totalement remplis d'eau,
» on la laiffe pendant une demi-heure, après

---

des Poudres à Colmar, fur la manière de faire le Salin
en Alface.

” quoi on ouvre les hanches en mettant le côté
” carré des broches dans leur ouverture. ”

” On rejette la première portion de la
” liqueur fur les cuviers, enfuite on continue
” à abreuver les cendres d'eau bouillante,
” jufqu'à ce que là liqueur forte à ce degré
” de chaleur, alors on verfe de l'eau froide
” fur les cuviers. ”

” Quand l'affoibliffement de la faveur &
” de la couleur de la liqueur, annonce que la
” plus grande partie des fels eft diffoute, on
” met à part, comme trop foibles pour être
” évaporées avec profit, les eaux qui fortent
” des cuviers, & on les réferve pour leffiver
” de nouvelles cendres. ”

” Lorfqu'on a une quantité fuffifante de
” liqueur forte, on en commence l'évapora-
” tion dans des chaudières de fer ; à mefure
” que la liqueur diminue, on remplit les
” chaudières, & quand on s'apperçoit que
” la cuite commence à s'épaiffir, on la remue
” continuellement avec une pelle de fer,
” afin que le falin ne s'attache point au fond
” des chaudières, & on ne l'en retire que
” lorfqu'il eft bien fec. ”

CHAPITRE III.

Examen des diverses méthodes employées pour la fabrication du Salin.

AVANT d'entrer dans l'examen des diverses méthodes employées pour la fabrication du salin, il convient d'établir quelques principes qui en faciliteront la discussion, & la rendront plus intelligible.

La cendre obtenue par la combustion des végétaux, n'est autre chose qu'un composé de terre & de sels de diverses espèces, comme le sel alkali, tartre vitriolé, sel marin, &c. On ne peut parvenir à séparer les sels de la terre avec laquelle ils sont unis, que par la voie de la dissolution, qui, comme on le sait, s'opère beaucoup plus promptement & plus complètement à l'eau chaude qu'à l'eau froide.

Par les expériences que nous avons faites, il est démontré que les sels provenans de diverses espèces de bois, ou sont moins dissolubles de leur nature, ou sont plus engagés dans la matière grasse & extractive qui n'a

point été détruite par le feu, puifqu'il nous
a fallu 216 livres d'eau bouillante pour épuifer 23 livres de cendres de bois de buis ;
124 livres pour épuifer 12 livres 5 gros de
cendres de bois de chêne ; 66 livres pour
5 livres 3 onces de cendres de hêtres ; 216
livres pour 11 livres 1 gros de cendres de
charme ; 300 livres pour 24 livres 1 once
6 gros de cendres d'orme ; 120 livres pour
8 livres 1 once 5 gros de cendres de tremble ;
80 livres pour 2 livres 7 onces 7 gros de
cendres de fapin ; 200 livres pour 22 livres
12 onces 5 gros 36 grains de cendres de
faule ; 276 livres pour 27 livres 4 gros 36
grains de cendres de farment de vignes ; 333
livres pour 10 livres 11 onces 4 gros de
cendres de tiges de tournefol ; & 612 livres
pour 39 livres de cendres de tiges de blé de
Turquie ; ayant employé jufqu'à 20 lavages
différens & toujours avec de l'eau nouvelle &
bouillante.

D'après ces réfultats, il paroît que l'on
doit renoncer à toute méthode qui confeille
le leffivage des cendres à l'eau froide, &
qu'on doit s'attacher à faciliter la diffolution

des

des sels par d'autres moyens que ceux qu'on a employés jusqu'à préfent ; car on peut avec vraisemblance, conclure d'après nos expériences, que le travail du leffivage des cendres, a été jusqu'à préfent très-imparfait dans les ateliers des Saliniers.

Les eaux de pluie ou de rivière font celles qui diffolvent le plus promptement les fels, parce qu'elles en font naturellement moins chargées que celles de puits ou de fontaine ; on doit donc les choifir de préférence pour leffiver les cendres, & nous regardons comme une abfurdité de propofer les eaux de mare & les eaux croupies, comme produifant une plus grande quantité de falin.

La première des méthodes ufitées pour la fabrication du falin, dans laquelle on indique de mettre les cendres dans une chaudière de cuivre, avec une fuffifante quantité d'eau que l'on portera au degré de l'ébullition, en obfervant d'agiter la cendre dans l'eau, nous paroît bonne & bien raifonnée.

Aucune expérience qui nous foit connue n'a prouvé que l'eau qui s'échappe du bois, lors de la combuftion, contienne des parties alkalines, & nous fommes certains que celle qui s'évapore lorfqu'on tient une leffive de cendre très-concentrée en ébullition, n'en contient pas ; ainfi, nous nous croyons autorifés à regarder comme une rêverie, la feconde méthode propofée.

Les principes contenus dans la troifième méthode n'ont rien de contraire aux nôtres : nous obferverons cependant qu'on peut éviter que le falin ne s'attache au fond de la chaudière, & ne s'y forme en une croûte dure, en ayant la précaution de remuer continuellement la liqueur, au moment où le fel alkali commence à prendre de la confiftance.

Dans la quatrième méthode qui eft tirée de l'Art de la Verrerie de Kunckel, nous appercevons une foule d'erreurs.

Nous ne comprenons pas pourquoi la vieille cendre fourniroit plus d'alkali que celle nouvellement faite ; lorfque cet auteur confeille de la tenir dans un lieu humide, il eft vraifemblable que c'eft pour préparer la diffolution des fels.

Il propofe de leffiver pendant l'été à l'eau froide, & pendant l'hiver à l'eau moitié chaude & moitié froide, pour former de l'eau tiède: si Kunckel avoit su combien il est difficile d'épuiser les cendres, même à l'eau bouillante, on doit présumer qu'il auroit donné la préférence à celle-ci, & qu'il n'auroit pas dit que l'eau trop chaude gâteroit la cendre.

Nous avons déjà dit que nous étions fort éloignés de croire que l'eau qui a séjourné & croupi, donne plus de potasse que celle qui est claire & crue, & nous n'approuverons jamais qu'on laisse le salin se former en croûte dans le fond de la chaudière, pour l'enlever ensuite à coups de ciseaux, parce que cette méthode nuit au desséchement parfait du salin, & qu'elle expose les chaudières à être brisées.

La méthode employée en Smoland, qui est indiquée sous le n°. 5, ne peut produie qu'une cendre calcinée très-impure, & dont la qualité doit être très-inférieure au salin qu'on obtient par la lixiviation des cendres.

Nous n'avons aucun motif pour croire que le bois sec donne plus d'alkali que le bois vert : mais nous en avons pour présumer qu'on l'obtient en raifon du poids du bois, dégagé de la partie aqueufe & furabondante dans les bois nouvellement coupés. Laiffer des cendres pendant quatre ou cinq mois dans des cuves avec de l'eau, pour enfuite en former une pâte, dont on emplira des fours pour la calciner & la vitrifier, nous paroît un procédé auffi vicieux que celui indiqué fous le numéro précédent.

Le numéro 7 ne préfente d'inconvénient que celui de leffiver les cendres à l'eau froide, opération lente, & par laquelle on peut regarder prefque comme impoffible de parvenir à dépouiller les cendres de tout l'alkali qu'elles contiennent.

Les procédés indiqués fous le numéro 8 font affez raifonnables : nous n'approuvons pas cependant les précautions prifes pour filtrer les eaux, parce que nous les croyons inutiles : on fera à portée de juger fi celles que nous propofons doivent être préférées.

CHAPITRE IV.

Des diverses espèces de bois que l'on peut brûler pour faire du salin.

PREMIÈRE SECTION.

Opinions des Auteurs, & Expériences qui ont remporté le Prix à la Société Economique de Léipsick.

TOUTE espèce d'arbres & de plantes peut, suivant les Auteurs, être réduite en cendres par la combustion, & toutes produisent de l'alkali végétal : ils en exceptent cependant les bois résineux ; ce sont en général les bois durs qu'ils préfèrent, comme donnant plus de cendres & d'alkali : on verra dans la suite de cet Ouvrage si leur opinion est bien ou mal fondée.

Pour indiquer avec certitude les espèces de bois que l'on peut brûler avec plus de profit, pour avoir le plus de cendres possible & les meilleures, il faudroit les avoir toutes exa-minées ; ce travail, très-étendu, & que nos

occupations journalières ne nous ont pas encore permis d'embraſſer en entier, a été le
ſujet d'un Prix propoſé, en 1764, par la Société économique de Léipſick : les mémoires
préſentés ne lui ayant pas paru ſatisfaiſans,
elle donna, en 1765, le même ſujet à traiter.
En 1766, elle couronna l'Ouvrage de
M. Wildenheim, facteur de la forge de fer
de Bareith : nous nous ſommes procuré cet
Ouvrage, dont nous mettrons le Public à
portée de juger ; mais comme il peut s'être
gliſſé des fautes dans la traduction que nous
en avons fait faire, & que nous ne connoiſſons
pas bien les poids & meſures dont il s'eſt
ſervi, nous avons cru devoir nous aſſurer par
nous-mêmes des produits des eſpèces de bois
les plus connues en France, & les plus abondantes, & de quelques plantes qui, par leur
volume, la promptitude de leur croiſſance &
leur utilité, peuvent mériter l'attention des
cultivateurs & des fabriquans de ſalin.

Nous avons examiné les cendres de bois
de buis, celles de chêne, de hêtre, de
charme, d'orme, de tremble, de ſapin, de
ſaule, de bois de ſarment de vignes, de tiges

de tournefol , ou grand foleil, & de tiges de
blé de Turquie.

Si les expériences de M. Wildenheim ont
plus d'étendue que les nôtres , le Public
jugera fi elles ont été faites avec la même
précifion.

« Pour parvenir (c'eft l'auteur qui parle)
» à la découverte du produit en potaffe, donné
» par mes tableaux , il fut fait divers prépa-
» ratifs. Je fis couper le bois , une partie en
» hiver , & l'autre au printemps , & mettre
» en feizième , huitième , quart & demi-
» cordes, la bûche à trois pieds de longueur ,
» & enfuite voiturer à la baraque de l'atelier;
» quant aux racines, elles ne furent pas mifes
» en corde, mais elles furent pefées. »

» Tout le bois & les racines , devenus plus
» fecs que verds, après avoir été mefurés &
» pefés, furent employés à l'évaporation des
» eaux de l'atelier; c'étoit par raifon d'éco-
» nomie, d'une part, & en fecond lieu, pour en
» avoir les cendres fans déchet & plus propres,
» les foyers étant très-bien conditionnés. »

» Après la combuftion , les cendres étant
» refroidies , je les mefurai, les pefai très-

» exactement, les étiquetai, & elles furent
» emmagafinées jufqu'au moment du leffi-
» vage : quant aux plantes, elles furent ré-
» duites en cendres dans un four à faire du
» pain; pefées, mefurées, étiquetées & emma-
» gafinées, lorfqu'elles furent refroidies. »

» Je fis faire, pour régler mes expériences,
» quatre petits cuveaux de leffivage, à con-
» tenir environ trois mefures, avec un double
» fond percé de plufieurs trous : je fis couler
» quatre petites chaudières de fer pour fervir
» à l'évaporation des eaux, les chaudières ne
» furent point mefurées, elles furent pofées
» fur des trépieds de fer. »

» On rangea, en fe conformant à l'ufage
» ordinaire du travail, de la paille fur le
» double fond, on humeâa les cendres avec
» de l'eau fraîche, on les mit dans le cendrier,
» on les leffiva avec de l'eau bouillante, auffi
» long-temps qu'elles fournirent du piquant
» à la langue ; on employa quatre à cinq
» feaux d'eau par chaque mefure de cendres,
» le leffivage dura quinze à feize heures,
» l'évaporation de dix à douze heures ; il eft
» à obferver que les cendres de chêne &

» d'érable demandent dix à douze heures
» de plus. »

» Cette différence ne fut point trouvée fur
» es autres efpèces de bois, l'une ayant été
» traitée comme l'autre ; je ne dois point
» oublier d'obferver que dans le travail ordi-
» naire & fuivi, j'emploie les petites eaux à
» abreuver les cendres, ce que je n'ai pu
» faire dans celui-ci, n'ayant employé que de
» l'eau pure, pour ne point mettre de variété
» ni dans la couleur, ni dans le poids : lorfque
» les leffivages & les évaporations furent faits,
» les produits en falin refroidis & étiquetés,
» furent mis dans des uftenfiles bien fermés &
» conféquemment à l'abri du contact de l'air».

On trouvera à la fin de cet Ouvrage, la
table contenant le produit en cendres & en
falin, que l'auteur appelle *potaffe crue*, de
de chacune des efpèces de bois qu'il a mis en
expérience.

Nous ne pouvons nous refufer à diverfes
obfervations fur la manière dont ces expériences ont été faites ; il nous femble qu'on
n'y a pas apporté toute la précifion dont elles
étoient fufceptibles.

1°. On n'a opéré que sur une demie, un quart ou un huitième de corde, & cependant on a négligé, dans le poids du bois, les fractions au-dessous d'un huitième.

2°. On n'a pas dit de quelle espèce d'eau on s'est servi pour lessiver les cendres.

3°. On n'a employé que quatre cuviers de bois, pour lessiver quarante-trois sortes de cendres ; ou il falloit prendre des vases d'une autre matière, ou il en falloit un pour chaque espèce de cendres.

4°. La quantité d'eau employée à chaque lessivage, n'a pas été déterminée d'une manière précise ; on en a mis la même quantité, c'est-à-dire, quatre à cinq seaux de seize pots chacun sur chaque mesure de cendres pesant dix livres : d'après nos expériences, nous sommes fondés à croire que M. Wildenheim n'a pas également & complètement épuisé ses cendres, il ne s'est pas servi de pèse-liqueur ; la langue est un indicateur peu sûr, l'œuf ou la boule d'ambre ne le font guère davantage : nous avons deux aréomètres d'ambre jaune qui nous ont été envoyés de Dantzick, avec-lesquels on peut, à la vérité, déterminer le poids d'une liqueur alkaline un peu forte, mais qui n'indiqueroit pas celui d'une liqueur qui ne feroit que foiblement chargée de fel.

5°. Il étoit également intéreffant de conftater le degré de force de chaque efpèce de falin au fortir de la chaudière ; mais M. Wildenheim manquoit probablement de moyen ; à défaut d'un pèfe-liqueur, il a cru y fuppléer par le déchet à la calcination.

Nous n'avons pas fuivi la même marche, c'eft l'eau-mère de nitre qui nous a fervi d'étalon , pour déterminer la qualité de chacun de nos produits, après l'avoir préalablement conftatée par une épreuve au pèfe-liqueur.

M. Wildenheim trouve que les troncs & les racines de chaque efpèce d'arbres ne donnent, ni une même quantité de cendre , ni une même quantité d'alkali; nous penfons que ces différences proviennent de l'état plus ou moins fec , dans lequel les troncs & les racines fe font trouvés lorfqu'il les a pefés : c'eft aux cendres de hêtre blanc & rouge , d'aune, de frêne, d'ofier, d'érable, de charme, de fureau, qu'il donne la préférence, comme plus abondantes en alkali.

SECONDE SECTION.

Opinions des Rédacteurs , & expériences qu'ils ont faites.

EN travaillant à inftruire le Public fur l'art de fabriquer le Salin , nous avons cru que ce ne feroit point affez faire que de lui préfenter les idées adoptées jufqu'à préfent , & qu'il convenoit de conftater par des expériences dont on mettroit le détail fous fes yeux, fi diverfes efpèces de bois fourniffent également de l'alkali, & d'une même qualité; en conféquence, nous nous fommes procuré des bois non flottés , de buis , de chêne , de hêtre blanc, de charme, d'orme, de tremble, de fapin, de faule, de farment de vignes, des tiges de tournefol & des tiges de blé de Turquie : ces deux dernières plantes nous ont paru , par leur volume & par la promptitude de leur croiffance , mériter notre attention.

Le chêne, le hêtre , le charme, l'orme, le tremble & le fapin ont été mefurés à la demi-

voie , faisant le quart d'une corde , &
ensuite pesés ; le buis , le saule , le sarment
de vignes , les tiges de tournesol ont été seulement pesés ; nous observons que les bois
& les plantes étoient parfaitement secs.

P O I D S des Bois & Plantes.

ESPÈCES DE BOIS ou PLANTES.	POIDS des BOIS & PLANTES.
	livres.
Buis..........................	800.
Chêne.... $\frac{1}{4}$ de corde........	915.
Hêtre..... $\frac{1}{4}$ de corde........	887.
Charme... $\frac{1}{4}$ de corde........	981.
Orme..... $\frac{1}{4}$ de corde........	1018.
Tremble.. $\frac{1}{4}$ de corde........	648.
Sapin..... $\frac{1}{4}$ de corde........	730.
Saule	800.
Sarment de vignes..........	800.
Tiges de Tournesol..........	200.
Tiges de blé de Turquie.......	440.

Les bois & les plantes ont été brûlés séparé-
ment dans des foyers de cheminées parfaite-

ment nétoyés, & dans des fours bien propres ;
on a eu l'attention d'entretenir le feu jufqu'à
l'entièie combuftion.

P R O D U I T en Cendres.

ESPÈCE DE BOIS ou AUTRES VÉGÉTAUX.	Leur POIDS.	PRODUIT en CENDRES.			
	livres.	liv.	onc.	gros.	gr.
Buis.	800.	23.	»	»	»
Chêne.	915.	12.	»	5.	»
Hêtre.	887.	5.	3.	»	»
Charme.	981.	11.	»	1.	»
Orme.	1018.	24.	1.	6.	»
Tremble	648.	8.	1.	5.	»
Sapin.	730.	2.	7.	7.	»
Saule.	800.	22.	12.	5.	36
Sarment	800.	27.	»	4.	36
Tournefol	200.	10.	11.	4.	»
Blé de Turquie	440.	39.	»	»	»

Après nous être affurés du poids de chaque
efpèce de cendre, nous avons cherché à
connoître par une épreuve prompte & qui
pût être facilement employée par ceux qui
font dans le cas d'acheter des cendres, ce

qu'elles pouvoient contenir d'alkali : nous avons pour cela fait ufage de l'aréomètre ou pèfe-liqueur réglé par nous il y a deux ans, pour déterminer la quantité de falpêtre contenue dans une liqueur nitreufe (a).

Le rapport de cet inftrument à une liqueur alkaline eft de 6 pour cent à 7 degrés $\frac{1}{2}$; de 8 pour cent à 9 $\frac{3}{4}$; de 10 pour cent à 12 $\frac{1}{3}$; & de 12 $\frac{1}{2}$ pour cent à 15 $\frac{1}{3}$.

L'épreuve dont nous parlons confifte à pefer exactement une demi-livre ou huit onces de cendres que l'on met dans un vafe, on y verfe une pinte ou deux livres d'eau bouillante (c'eft de l'eau de la Seine, qui eft à zéro de cet aréomètre, dont nous nous fommes fervis); on agite pendant quelques minutes la cendre & l'eau, pour faciliter la diffolution du fel alkali, on filtre une portion fuffifante de la liqueur, pour y plonger l'inf- trument & juger par le degré auquel il s'arrête,

---

(a) On trouve de ces inftrumens, conftruit d'après notre méthode, chez Moffy, Ingénieur - conftructeur d'inftrumens de Phyfique, *quai Pelletier.*

de la quantité de matière saline que contient la cendre.

DEGRÉ de saturation de l'eau de cendre par l'épreuve ci-dessus.

ESPÈCES de CENDRES.	DEGRÉ à L'ARÉOMÈTRE.
	Degrés.
Cendres de buis............	2 $\frac{1}{2}$.
De chêne................	4 $\frac{1}{2}$.
De hêtre................	5. »
Charme.................	3. »
Orme..................	3 $\frac{3}{4}$.
Tremble................	2. »
Sapin.................	4. »
Saule.................	3. »
Sarment de vigne..........	7 $\frac{1}{2}$.
Tiges de Tournesol........	4. »
Tiges de blé de Turquie.....	5. »

Nous avons ensuite procédé au lessivage de ces diverses cendres, & comme notre intention étoit de les dépouiller totalement de leur alkali, nous avons employé le moyen qui nous a paru le plus certain pour y réussir.

La

La cendre a été mife dans une petite chaudière de fer, avec trois fois fon poids d'eau, que l'on a portée au degré d'ébullition ; alors on a jeté la cendre & l'eau fur un filtre, on a réitéré cette opération autant de fois qu'il a été néceffaire pour épuifer complètement la cendre, en tenant note exacte de la quantité d'eau employée, & on n'a ceffé ce leffivage à l'eau bouillante, que quand la liqueur n'a plus marqué à l'aréomètre, & qu'elle n'a plus fait d'effervefcence avec 'es acides.

Il n'eft pas inutile d'obferver que nous ne nous fommes fervis, pour mettre la liqueur filtrée, que de vafes de faïence, qui ont été très-exactement lavés après chaque opération.

Quantité d'Eau employée pour épuiser les cendres.

ESPÈCES DE BOIS ou PLANTES.	POIDS des Bois & PLANTES	PRODUIT en CENDRES.				DEGRÉS à L'ARÉOMÈTRE.	EAU employée.
	livres.	liv.	onc.	gros.	grains.	degrés.	livres.
Buis.	800.	23.	»	»	»	2 $\frac{1}{2}$.	216.
Chêne.	915.	12.	»	5.	»	4 $\frac{1}{2}$.	124.
Hêtre.	887.	5.	3.	»	»	5. »	66.
Charme.	981.	11.	»	1.	»	3. »	216.
Orme.	1018.	24.	1.	6.	»	3 $\frac{3}{4}$.	300.
Tremble.	648.	8.	1.	5.	»	2. »	120.
Sapin.	730.	2.	7.	7.	»	4. »	80.
Saule.	800.	22.	12.	5.	36	3. »	200.
Sarment.	800.	27.	»	4.	36	7 $\frac{1}{2}$.	276.
Tournesol.	200.	10.	11.	4.	»	4. »	333.
Blé de Turquie. . .	440.	39.	»	»	»	5. »	612.

(35)

Nous avons fait évaporer les eaux de
leſſivage, en obſervant de bien nétoyer à
chaque fois la chaudière dont nous nous ſer-
vions : à meſure que l'évaporation approchoit
de ſa fin, & que les ſels commençoient à ſe
former, on remuoit la liqueur avec une ſpa-
tule de fer, afin que les ſels ne s'encroûtaſſent
pas au fond de la chaudière, & qu'on pût les
porter à une parfaite deſſication ; nous avons
obſervé que quand toute l'eau étoit évaporée,
le ſel marin décrépitoit.

Le ſalin parfaitement ſéché, & même
torréfié, a été peſé & enfermé dans des
flacons de verre bien bouchés.

PRODUIT en Sel alkali.

ESPÈCES DE BOIS ou PLANTES	POIDS des Bois & PLANTES.	PRODUIT en CENDRES.				DEGRÉ à l'Aréomètre.	Eau employée au lessivage des Cendres	Alkali provenant du lessivage des Cendres.			
	livres.	liv.	onc.	gros.	gr.	degrés.	livres.	liv.	onc.	gros.	grains.
Buis...........	800.	23.	»	»	»	$2\frac{1}{2}$	216.	1.	12.	6.	24
Chêne........	915.	12.	»	5,	»	$4\frac{1}{2}$.	124.	1.	6.	4.	12
Hêtre.........	887.	5.	3.	»,	»	5. »	66.	1.	4.	6.	»
Charme.......	981.	11.	»	1.	»	3. »	216.	1.	3.	5.	36
Orme.........	1018.	24.	1.	6.	»	$3\frac{3}{4}$.	300.	3.	15.	»	»
Tremble.......	648.	8.	1.	5.	»	2. »	120.	»	7.	6.	»
Sapin.........	730.	2.	7.	7.	»	4. »	80.	»	3.	7.	»
Saule.........	800.	22.	12.	5.	36	3. »	200.	2.	5.	1.	18
Sarment.......	800.	27.	»	4.	36	$7\frac{1}{2}$.	276.	4.	10.	4.	»
Tournefol......	200.	10.	11.	4.	»	4. »	333.	4.	»	»	»
Blé de Turquie..	440.	39.	»	»	»	5. »	612.	7.	12.	1.	36

Nous avons cherché, par une épreuve prompte & facile, à connoître le degré de force de ces produits.

Cette épreuve confiste à faire diffoudre deux onces de falin dans une livre d'eau froide : c'eft l'eau de la Seine qui nous a fervi pour cette épreuve ; fi on employoit de l'eau de puits ou de fontaine, il faudroit connoître préalablement le degré qu'elle donne à l'aréomètre, afin d'en faire la déduction fur celui auquel elle le porteroit, après avoir diffous deux onces de falin.

Lorfque la diffolution eft opérée, on filtre la liqueur, on y plonge l'aréomètre, on conftate le dégré, & on tient note de la quantité de matière reftée fur le filtre.

DEGRÉ auquel l'Aréomètre a été porté.

ESPÈCES DE BOIS ou PLANTES.	POIDS des Bois & PLANTES.	PRODUIT en CENDRES.				DEGRÉ à l'Aréomètre.	Eau employée au lessivage des Cendres.	Alkali provenant du lessivage des Cendres.				DEGRÉ à l'Aréomètre.
	livres.	liv.	onc.	gros.	grains.	degrés.	livres.	liv.	onc.	gros.	gr.	degrés.
Bois............	800.	13.	»	»	»	$2\frac{1}{2}$.	216.	1.	12.	6.	24	10. »
Chêne.........	915.	12.	»	5.	»	$4\frac{1}{2}$.	124.	1.	6.	4.	12	15. »
Hêtre.........	887.	5.	2.	»	»	5. »	66.	1.	4.	6.	»	$14\frac{1}{3}$.
Charme.........	981.	11.	»	1.	»	3. »	216.	1.	3.	5.	36	$14\frac{3}{4}$.
Orme.........	1018.	24.	1.	6.	»	$3\frac{1}{4}$.	300.	3.	15.	»	»	$15\frac{1}{2}$.
Tremble.........	648.	8.	1.	5.	»	2. »	120.	»	7.	6.	»	12. »
Sapin.........	730.	2.	7.	7.	»	4. »	80.	3.	7.	»	»	$13\frac{1}{4}$.
Saule.........	800.	22.	12.	5.	36	3. »	200.	2.	5.	1.	18	14. »
Sarment.........	800.	27.	»	4.	36	$7\frac{1}{2}$.	276.	4.	10.	4.	»	$14\frac{1}{2}$.
Tournesol.........	200.	20.	11.	4.	»	4. »	333.	4.	»	»	»	14. »
Blé de Turquie.........	440.	39.	»	»	»	5. »	612.	7.	12.	1.	36	$12\frac{2}{}$.

Pour déterminer d'une manière encore plus pofitive la quantité de matière alkaline contenue dans ces divers falins, relativement à l'objet pour lequel nous travaillons, qui eft celui de décompofer les eaux-mères de nitre, pour les rendre propres à produire du fal-pêtre à bafe d'alkali, nous avons foumis ces falins à l'épreuve d'une eau-mère de nitre compofée d'acide nitreux & de craie.

De cette eau-mère, que nous avons fous forme fèche, il en a été pefé onze parties, d'une once chacune, que nous avons mifes féparément dans onze vafes, avec une livre d'eau.

Nous avons fait diffoudre dans pareille quantité d'une livre d'eau, deux onces de chaque efpèce de nos falins, & nous avons procédé à la faturation de l'eau-mère.

QUANTITÉ de Salin, consommée pour saturer une once d'eau-mère.

SALIN.	DISSOLUTION Alkaline employée.				Ce qui revient en Alkaliconcret, à			
	liv.	onc.	gros.	gr.	liv.	onc.	gros.	gr.
De buis..........	1.	2.	»	»	»	2.	»	»*
De chêne........	»	10.	2.	66	»	1.	1.	15
Hêtre...........	»	9.	7.	52	»	1.	»	61
Charme.........	»	10.	5.	22	»	1.	1.	42
Orme...........	»	11.	4.	28	»	1.	2.	19
Tremble........	1.	1.	5.	30	»	1.	7.	51
Sapin..........	»	15.	3.	48	»	1.	5.	53
Saule..........	»	12.	6.	66	»	1.	3.	31
Sarment........	»	8.	7.	56	»	»	7.	70
Tournesol.......	»	13.	7.	62	»	1.	4.	30
Blé de Turquie...	»	12.	2.	24	»	1.	2.	66

Tous les falins, comme nous l'avons dit, ne font pas de même couleur.

Celui des cendres de buis a la couleur de la mine de plomb, il eft un peu brillanté ; mis en diffolution dans la proportion de deux

---

* *Nota.* La faturation n'étoit pas complète.

onces fur une livre d'eau , la liqueur étoit citronée ; il eft refté fur le filtre deux gros de tartre vitriolé & un gros trente grains de matière terreufe.

Le falin de cendres de chêne eft gris-de-lin , il a donné à l'eau une couleur de vert tendre, qui n'a fubfifté que pendant quelques heures ; il eft refté fur le filtre vingt-fix grains de matière terreufe.

Le falin de cendres de hêtre , eft café-au-lait, fa diffolution eft fortement orangée ; il eft refté fur le filtre feize grains de matière terreufe.

Le falin de cendre de charme eft d'un blanc grisâtre, fa diffolution ne donne aucune couleur à l'eau ; il eft refté fur le filtre dix grains de matière terreufe.

Le falin d'orme eft d'un gris vineux , fa diffolution eft légèrement citronnée ; il eft refté fur le filtre douze grains de matière terreufe.

Le falin de tremble eft d'un noir foncé , fa diffolution eft fortement orangée ; il eft refté fur le filtre un gros neuf grains de matière noire & qui paroiffoit charbonneufe.

Le falin de fapin eft d'un noir peu foncé, fa diffolution eft fort brune ; il eft refté fur le filtre cinquante-quatre grains de matière terreufe d'un gris d'ardoife.

Le falin de faule a la couleur du gris-de-lin tendre , fa diffolution eft légèrement orangée ; il eft refté fur le filtre dix grains de matière terreufe.

Le falin de farment eft gris-blanc , fa diffolution eft fans couleur ; il n'eft rien refté fur le filtre.

Le falin de tournefol eft d'un blanc de lait tirant un peu fur le jaune, fa diffolution eft fans couleur ; il eft refté fur le filtre douze grains de matière terreufe de couleur de brique.

Le falin de tiges de blé de Turquie eft de couleur cendrée , fa diffolution a celle d'une forte infufion de café ; il eft refté fur le filtre deux gros cinquante-huit grains de matière terreufe.

Si l'on confidère les bois que nous avons brûlés , relativement à la quantité de cendres qu'ils ont fournie, pour les claffer par ordre ; on trouvera que ce n'eft point en raifon de

fa dureté, que le bois produit plus de cendres ;
pour en juger plus aifément , nous avons
réglé les produits fur une quantité de quatre
mille pefant de chaque efpèce.

ESPÈCES DE BOIS & DE PLANTES.	POIDS des Bois & PLANTES.	PRODUIT en CENDRES.			
	livres.	*liv.*	*onc.*	*gros.*	*gr.*
Tiges de blé de Turquie..	4000.	354.	8.	5.	8
Tiges de Tournefol....	4000.	228.	14.	»	»
Sarment de vignes.....	4000.	135.	2.	6.	36
Buis..............	4000.	115.	»	»	»
Saule.............	4000.	113.	15.	3.	36
Orme	4000.	94.	11.	5.	52
Chêne.............	4000.	54.	1.	1.	55
Tremble.	4000.	49.	6.	2.	8
Charme.	4000.	45.	2.	2.	25
Hêtre.............	4000.	23.	6.	2.	31
Sapin.............	4000.	13.	10.	6.	6

Si on veut les claſſer d'après l'alkali qu'ils donnent, on les rangera dans l'ordre ſuivant :

BOIS & PLANTES.	POIDS des Bois & Plantes.	ALKALI OBTENU			
	livres.	*liv.*	*onc.*	*gros.*	*gr.*
Tourneſol......	4000.	80.	»	»	»
Blé de Turquie..	4000.	70.	8.	6.	13.
Sarment........	4000.	23.	4.	4.	»
Orme	4000.	15.	10.	4.	»
Saule.........	4000.	11.	9.	6.	18
Buis..........	4000.	8.	15.	7.	48
Chêne........	4000.	6.	2.	3.	44
Hêtre	4000.	5.	13.	4.	42
Charme.......	4000.	5.	»	1.	69
Tremble.......	4000.	3.	»	1.	13
Sapin.........	4000.	1.	5.	2.	6

Si enfin on veut leur affigner une place, d'après la force de chaque efpèce d'alkali, indiquée par la quantité qui en a été employée pour faturer l'eau-mère, on les rangera dans l'ordre fuivant :

SALIN de diverfes efpèces de BOIS ET PLANTES.	QUANTITÉ d'Eau alkaline employée pour une once d'Eau-mère.				Ce qui revient, en Alkali concret, à			
	liv.	onc.	gros.	gr.	liv.	onc.	gros.	gr.
Sarment.	»	8.	7.	56	»	»	7.	70
Hêtre.	»	9.	7.	52	»	1.	»	61
Chêne.	»	10.	2.	66	»	1.	1.	15
Charme.	»	10.	5.	22	»	1.	1.	42
Orme.	»	11.	4.	28	»	1.	2.	19
Blé de Turquie.	»	12.	2.	24	»	1.	2.	66
Saule.	»	12.	6.	66	»	1.	3.	31
Tournefol.	»	13.	7.	62	»	1.	4.	30
Sapin.	»	15.	3.	48	»	1.	5.	53
Tremble.	1.	1.	5.	30	»	1.	7.	51
Buis.	1.	1.	»	»	»	2.	»	»

Il réfulte des expériences dont nous venons de rendre compte, des chofes affez importantes à apprendre aux manufacturiers de Salin.

Tous les bois ne fourniffent pas à poids égal une même quantité de cendres, toutes les cendres ne donnent pas une même quantité d'alkali ; les cendres exigent plus ou moins d'eau pour les dépouiller de celui qu'elles contiennent; il a fallu depuis dix jufqu'à près de quarante fois le poids des cendres d'eau bouillante, po**** re les lavages de celles que nous avons traitées ; l'alkali qui provient de telle ou telle efpèce de bois, n'eft pas au même degré de force & de qualité.

Ne peut-on pas conclure de cette diverfité dans les produits en cendres & en falin, que c'eft à tort que les auteurs ont dit que les bois durs fourniffent plus d'alkali que les bois tendres, & qu'ils fe font pareillement trompés lorfqu'ils ont avancé que les bois réfineux n'en donnent pas, puifque nous en avons retiré du fapin?

Ne pourroit-on pas croire que l'alkali fe formant des décompofitions de parties ani-males & végétales par la putréfaction, les arbres & les plantes ne peuvent pomper ce fel qu'autant qu'il exifte dans les terres où ils croiffent ? les tiges de tournefol, que nous

T I O N S.

TABLE donnée par M. Wildenheim, de ce que différentes espèces de Bois, de Plantes & de Substances combustibles contiennent de Potasse.

Numéros.	Espèces de Bois.	La bûche à trois pieds de longueur. (cordes.)	Qui ont pesé. (quintal.)	Desquelles il a été consommé en cendres. Mesure de Dresde.	Qui ont pesé. (livres.)	Qui ont pesé. (loth ou demi-once.)	Et qui ont produit, Potasse crue. (livres.)	Potasse crue. (loth.)	Potasse calcinée. (livres.)	Potasse calcinée. (loth.)	Observations.
1.	Tronc de Chêne............	1/4	4 1/2	1.	10.	....	1/4	6.	1/4	2.	
2.	Racine, idem............	....	4 1/2	1 1/2	10 1/2	....	1.	2.	1.		
3.	Tronc de Hêtre blanc........	1/2	4 1/2	1 1/2	12.	....	1 1/2	3.	1 1/2	6.	
4.	Racine, idem............	....	4 1/2	1.	11 1/2	....	1 1/2	....	1 1/4	5.	
5.	Tronc de Hêtre rouge........	1/4	5 1/2	1 1/4	9 1/2	....	1.	....	1/2	2.	
6.	Racine, idem............	....	5 1/2	1.	9.	....	....	27.	1/2	7.	
7.	Tronc d'Aune............	1/4	3 1/2	1 1/2	8 1/4	4.	1 1/4	4.	1 1/4		
8.	Racine, idem............	....	3 1/2	1.	6.	4.	1/2	....	1/2	4.	
9.	Tronc de Houleau............	1/2	4 1/2		6 1/4	....	1/4	1.	1/2	7.	
10.	Racine, idem............	....	4 1/2	1.	9 1/2	....	1.	4.	1.		
11.	Tronc d'Osier............	1/4	4 1/2		4 1/4	....	1/2	4.	1/2	1.	
12.	Racine, idem............	....	4 1/2		4.	....	1/2	1.	1/2	1/2	
	Pin............	....	....	....	....	....	....	....	....	....	Ne se trouve point ici.
13.	Tronc de Kieffune *............	1/4	4 1/2		5.	....	1/4	5.	1/4	2.	
14.	Racine, idem............	....	4 1/2		4.	....	1/4	2.	....	7.	
	Sapin............	....	....	....	....	....	....	....	....	....	Ne se trouve point ici.
15.	Tronc d'Orme............	1/4	5 1/2	1 1/2	15 1/2	....	2 3/4	....	2 1/4		
16.	Racine, idem............	....	5 3/4	1 1/4	11 1/2	....	1.	6.	2.		
17.	Tronc de Frêne............	1/4	5 1/2	1 1/2	6 1/2	....	1 1/2	2.	1.	4.	
18.	Racine, idem............	....	5 1/4	2.	8 3/4	....	1 1/2	4.	1 1/4	7.	
19.	Tronc de Tilleul............	1/4	4 1/2	2.	13 1/2	....	3/4	....	1/2	6.	
	Racine, idem............	....	....	....	....	....	....	....	....	....	Il ne s'en est point trouvé.
20.	Tronc de Peuplier............	1/4	8 3/4	1 1/2	8 1/2	....	3/4	....	1/2	1.	
21.	Racine, idem............	....	8 3/4	1 1/2	9 1/2	....	1.	....	3/4	2 1/2	
22.	Tronc de Sureau............	1/8	2 1/2	1/2	4 1/2	....	1/4	4.	1/2		
23.	Racine, idem............	....	2 1/2	1/2	4.	....	1/2	6.	1/2	3.	
24.	Tronc de Coudrier............	1/4	2 1/2	1 1/4	8 1/2	....	1/2	....	1/2	4.	
25.	Racine, idem............	....	2 1/2	1.	9.	....	1/2	3.	1/2	6.	
26.	Tronc de Charme............	1/4	4 1/4	2.	10 1/2	....	1 1/2	3.	1 1/4	5.	
27.	Racine, idem............	....	4 1/2	1 1/2	10.	....	1 1/2	....	1 1/2	3.	
28.	{ La cendre commune de fourneau de la plus forte partie des espèces ci-dessus............ }	....	....	1 1/2	16 1/4	....	1 1/2	4.	1 1/2	2.	

* Inconnu au Traducteur.

Suite de la *TABLE donnée par M. Wildenheim, de ce que différentes. fortes d'Herbes, &c.*

Numéros.	Différentes sortes d'Herbes & de substances combustibles	Petite charrette de paysan.	Desquelles il a été consommé en cendres. Mesure de Dresde.	QUI ONT PESÉ — livres.	loth ou demi-once.	ET QUI ONT PRODUIT, POTASSE CRUE. liv.	loth.	POTASSE CALCINÉE. livres.	loth.	OBSERVATIONS.
29.	Bruyères................	1.	3/4	2 1/4	6.	......	9.	......	6.	
30.	Fougères................	1.	5 1/2	10.	......	1 1/4	7.	1.	2.	
31.	Mousse blanche..........	1.	4 1/2	54.	......	1/2	4.	1/2	1.	Ces deux espèces tassées, contiennent beaucoup de sable.
32.	Mousse verte............	1.	3.	25 1/4	......	1/3	7.	1/2	......	
	Gueft...................									N'est point connu sous ce nom.
33.	Krinfiel *	1.	1 1/4	11 1/4	......	3/4	6.	1/4	......	
34.	Tourfes.................	1.	4 1/4	23 3/4	......	1/2	2.	1/4	5.	Est mauvaise.
35.	Kiefferne zap.fen *	1.	3 1/4	25 1/4	......	1/2	2.	1/4	6.	Ces deux espèces mises ensemble, contiennent beaucoup de sable.
36.	Kiefferne nadeln *	1.	3.	22 1/4	......	1/2	......	1/4	3.	
37.	Feuilles de Hêtre & de Chêne...	1.	4.	15 3/4	......	......	7.	......	4.	

Numéros.	Espèces de Plantes.	Quantité de Scheffel de Dresde.	Desquels consommés en cendres, mesure de Dresde.	QUI ONT PRODUIT, POTASSE crue. loth.	POTASSE calcinée. loth.	OBSERVATIONS.
38.	Soure de bois suivant le onzième article des feuilles de Leipsick de l'année 1776.	2 1/2	1/2	4 7/8	4 7/8	Plus coûteuse que profitable.
39.	Herbes de Topinambours..........	......	1/2	6 7/8	4.	
40.	Paille de Faséoles..............	......	1/2	4 1/4	2 6/8	
41.	Chaume de Seigle...............	......	1/2	8 1/4	5 1/4	
42.	Schilff.......................	......	1.	8 1/2	5 1/4	Cette plante croît beaucoup ici; mais sa conversion en cendres est sans profit.
43.	Traînasse.....................	......	1/2	3 7/8	2 7/8	Si on avoit toutes ces plantes à vil prix & à portée, il n'en résulteroit d'avantages qu'en les mêlant avec d'autres.
44.	Paille de Pavot...............	......	1/2	13 4/8	4.	

* Inconnu au Traducteur. ' Idem. ' Idem.

atiſſées, contiennent beaucoup

ſous ce nom.

miſes enſemble, contiennent
le.

ofitable.

avons brûlées, avoient été produites dans une terre à blé parfaitement fumée ; les tiges de blé de Turquie, le farment, l'orme, le faule, l'ont été dans des circonſtances également favorables.

Mais, eſt-ce avec la sève que l'alkali monte dans les plantes, & eſt-il plus avantageux de couper les bois dans une faiſon que dans une autre ? c'eſt une queſtion ſur laquelle on ne peut pas prononcer avant d'avoir analyſé la sève; celle qui découle abondamment de la vigne peut fournir un moyen facile de faire cette expérience.

CHAPITRE V.

Des divers moyens par leſquels on peut ſe procurer des cendres, & de la valeur qu'elles ont pour les fabricans de Salin.

ILy a actuellement peu d'endroits en France où la valeur des bois ſoit ſi modique, que l'on puiſſe préſenter aux propriétaires comme objet d'utilité de les brûler uniquement pour

en faire du falin ; cependant nous favons qu'il
en exifte dans les Alpes & dans les Pyrénées,
dont l'extraction par des circonstances locales
eft impoffible, & qui, brûlés fur place, acquer-
roient une valeur de trente fous au moins
par corde, en fuppofant toutefois qu'il y eût
un mélange égal de plufieurs efpèces de
bois ; car fi on ne brûloit que des bois blancs
ou des bois réfineux, ceux-ci ne fourniffant
que très-peu d'alkali, ne compenferoient pas
les frais à faire pour les abattre & pour les
réduire en cendres.

Les pays abondans en forêts, offrent de
grandes reffources pour la fabrication du Salin,
parcequ'on y trouve néceffairement beaucoup
de cendres, & qu'on peut mettre en ufage
une infinité de moyens pour s'en procurer :
les branchages, les écorces, les recoupes,
les fciures, les fouches, les bois morts, les
bois pourris, reftent fort fouvent dans les
forêts fans aucune utilité; les vieillards, les
femmes, les enfans, dont les bras fe refufent
à des travaux pénibles, peuvent être employés à ramaffer tous ces débris pour les
brûler & en recueillir la cendre, qu'ils
vendroient

vendroient à la manufacture de salin la plus voisine, quelque peu de profit qu'ils fissent à ce petit commerce, on sait combien la plus légère ressource devient importante pour les habitans de la campagne, particulièrement dans l'hiver : on peut ramasser également les bruyères & les fougères qui fournissent de l'alkali, & quoique la tourbe en donne peu, on pense qu'elle indemniseroit des frais d'exploitation ; il ne s'agit donc que de diriger les habitans de la campagne, vers la recherche de toutes les plantes pour les réduire en cendres.

Les produits que nous avons obtenus des tiges de tournesol & des tiges de blé de Turquie, nous font penser qu'on peut cultiver ces deux plantes avec profit, dans la vue de tirer parti de leurs cendres : on sait de quelle ressource est le blé de Turquie dans plusieurs Départemens ; la graine de tournesol fournit de l'huile assez abondamment, & d'une bonne qualité. On nous a assuré qu'un habitant de la ci-devant Alsace a tiré beaucoup d'alkali de la tige de fèves de cochon, autrement appelées *fèves de marais*.

D

Les eaux de buanderie, qui n'ont point de valeur dans les villages, non plus que dans les villes, peuvent être encore d'une grande utilité pour les fabricans de ſalin ; elles contiennent beaucoup d'alkali, puiſque ce ſont ordinairement les meilleures cendres qu'on emploie aux leſſives, & quoique cet alkali, lorſqu'il s'eſt ſaiſi des parties graſſes qu'il a enlevées au linge & autres vêtemens, ſe trouve alors dans un état ſavonneux, la partie graſſe étant ſuſceptible d'être détruite par le feu, lors de la deſſication du ſalin, laiſſe à nu la partie alkaline qui eſt incombuſtible ; on ne peut donc trop encourager les fabricans de ſalin à recueillir toutes les eaux de buanderies qu'ils pourront ſe procurer, puiſqu'elles ont une valeur réelle pour leurs travaux ; on peut, par une légère rétribution, déterminer les particuliers à les faire raſſembler dans chaque maiſon, au lieu de les jeter. On ne ſauroit trop le répéter, à quelqu'uſage que ces eaux aient ſervi, elles ſont toujours en état de produire du ſalin.

D'après ce que l'on vient de dire, il eſt démontré qu'il ſe perd journellement en France, une quantité immenfe d'alkali par les leffives : cependant , l'alkali étant incombuftible , & pouvant à chaque fois qu'on s'en eft fervi pour dégraiffer le linge , être rétabli dans fon premier état, ce feroit une grande économie pour les particuliers, s'ils vouloient s'occuper de cette opération , & donner en même-temps plus de foin à la conduite de leurs leffives.

Nous avons dit que la cendre n'eft autre chofe qu'un compofé de terre & d'alkali ; nous avons dit auffi que l'alkali s'unit avec les matières graffes pour former le favon , c'eft cette union qui enléve au linge celles dont il étoit imprégné, la terre eft abfolument nulle dans les leffives , il n'y a que l'alkali qui agit : auffi , fi l'on s'eft fervi de mauvaifes cendres , la leffive eft mal faite , le linge ne fe nétoye point, quelque quantité de favon que l'on emploie , parce que le favon eft dans un état de combinaifon qui ne lui permet pas de s'unir auffi facilement avec les matières graffes que l'alkali.

Il feroit donc beaucoup plus fûr de faire une bonne leffive, avec une diffolution d'une quantité connue de salin qu'on (*a*) mettroit dans la quantité d'eau nécessaire pour que le linge en fût bien imbibé, que d'employer des cendres dont on ne connoît pas la qualité, qui souvent contiennent beaucoup de matières grasses, sur-tout, celles de cuisine, & qui peuvent ne pas produire la moitié de l'alkali qu'il faudroit pour opérer le dégraissage entier du linge.

Ce ne seroit pas une grande dépense que celle de faire monter deux chaudières de fer dans un fourneau de terre ou de brique; en sorte que la chaleur, après avoir agi sous la première chaudière, passât sous la seconde : dans la première, on échaufferoit l'eau nécessaire pour couler la lessive (*b*); & dans la seconde, on feroit évaporer l'eau restante

____

(*a*) A Paris, les Blanchisseurs mettent une dissolution de soude dans leur lessive, la soude est l'alkali minéral qui se combine avec les matières grasses; cet usage n'est pas connu dans beaucoup de provinces du royaume.

(*b*) Lorsqu'on se sert, pour faire une lessive, d'une dissolution de salin ou de potasse, il n'est pas nécessaire de laisser couler continuellement la lessive du cuvier; il faut mesurer l'eau qui doit y entrer, on y versera la dissolution de salin ou de potasse, on passera successivement d'une leſſive précédente , pour la ramener à l'état de ſalin ; il y auroit, par ce procédé, une grande économie à faire ſur le bois ; on en conſommeroit moins dans un fourneau, qu'à l'air libre , & on rétabliroit , ſans dé- penſe, le ſalin reſtant dans les eaux d'une leſſive précédente. *Voyez la planche III.*

Pour déterminer la valeur des cendres , il eſt un moyen ſimple que les fabricans de ſalin peuvent aiſément employer.

Il y a actuellement dans le commerce un aréomètre ou pèſe-liqueur, qui détermine la quantité de ſalpêtre qui exiſte dans une eau nitreuſe ; le même inſtrument dont on a vu le rapport à une liqueur alkaline, *page* 31 , déterminera également en raiſon de l'alkali que la cendre contiendra, quelle peut-être ſa valeur.

---

l'eau dans la chaudière pour l'échauffer avant de la mettre ſur le cuvier où elle devra reſter en digeſtion pendant un certain temps ; lorſqu'elle commencera à ſe refroidir, on la tirera pour la repaſſer dans la chaudière & la remettre enſuite ſur le cuvier qu'il faudra tenir couvert , parce que la combinaiſon de l'alkali avec les matières graſſes ſe fait mieux à chaud qu'à froid.

D iij

On pèfe une demi-livre ou huit onces de cendres que l'on met dans un vafe, on verfe fur la cendre une pinte ou deux livres d'eau bouillante, dont on a préalablement conflaté le degré à l'aréométre ; on agite la cendre & l'eau avec une fpatule de fer ou de bois, pour faciliter la diffolution de l'alkali ; on filtre enfuite au papier gris une portion fuffifante de la liqueur, pour y plonger l'aréométre ; s'il fe foutient au terme de cinq degrés, qui eft celui des cendres de bois de hêtre, elles valent, pour les fabricans de falin, deux livres dix fous le quintal, parce qu'on en tireroit douze livres de falin, qui bien deféché, feroit à quatorze degrés de l'aréométre, à l'épreuve de deux onces dans une livre d'eau, & vaudroit, à cinq fous dix deniers la livre, trois livres dix fous les douze livres.

	degrés.	_le quintal._
Au terme de $4\frac{1}{2}$, les cendres valent...		2 l. 5 f.
Au terme de 4		2. »
Au terme de $3\frac{1}{2}$		1. 15.
Au terme de 3		1. 10.
Au terme de $2\frac{1}{2}$		1. 5.
Au terme de 2		1. »

Par cette épreuve, également à l'avantage de l'acheteur & du vendeur, la cendre est payée en raison de sa valeur réelle, relativement à celle de l'alkali en France ; elle sert à faire découvrir les fraudes que les vendeurs pourroient employer pour augmenter le poids de leurs cendres, par des mélanges de terre, de sable, ou même de cendres déjà lessivées & dépouillées d'alkali.

Lorsque des cendres sont le produit des bois de chêne, hêtre, charme, orme & tremble à parties égales, elles doivent donner à l'aréomètre environ trois degrés trois quarts.

CHAPITRE VI.

De la meilleure manière de monter & de conduire un atelier de Salinier.

SECTION PREMIÈRE.

Des bâtimens & ustensiles nécessaires.

Un magasin pour mettre les cendres à mesure qu'elles sont apportées par les fournisseurs, un bâtiment dans lequel se fera le leſſivage & l'évaporation des eaux, une petite ſerre dans ce même bâtiment, pour y dépoſer le ſalin à meſure qu'on le tirera des chaudières, ſont les ſeules conſtructions néceſſaires pour former un atelier de Salinier : on doit les faire avec la plus grande économie & aux moindres frais poſſibles.

De ſimples murs en terres ou en torchis, avec une charpente légère pour porter une couverture en paille ou en chaume, ſuffi-ſent pour former le magaſin aux cendres, on aura ſoin de ne les y dépoſer que long-temps après être ſorties des foyers : dans ce magaſin, une table, une petite balance, quelques terrines de terre cuite, trois ou quatre entonnoirs de verre commun, du papier gris & un aréomètre pour l'eſſai des cendres ; des brouettes, des pelles des bois, un crible, ſont les ſeuls outils & inſtru-mens néceſſaires. *Voyez la planche Ire*.

Le bâtiment d'évaporation ſervant en même-temps pour le leſſivage, exige une couverture en tuiles, en ardoiſes ou bar-deaux, à cauſe des riſques du feu ; il devra être féparé de quatre à cinq toifes du magafin aux cendres, pour en cas d'incendie éviter la communication du feu.

Ce bâtiment aura vingt pieds en carré ; *voyez la planche II.* Il contiendra, comme nous l'avons dit, le magafin à Salin ; il y aura une petite ferre pour le bois, le fourneau avec les chaudières, les cuviers de leffivage, des tonnes pour mettre les eaux, & un puits.

SECTION SECONDE.

Méthode économique pour leffiver les cendres à l'eau chaude.

Nous croyons avoir démontré la néceffité de leffiver les cendres à l'eau chaude ; mais comme cette méthode préfente une forte de dépenfe qui pourroit répugner aux Saliniers actuels, nous avons cherché le moyen d'y fuppléer en tirant partie de la chaleur même qui s'échappe des fourneaux, en forte qu'on n'aura à faire que les frais de leur conftruction.

Lorfqu'on n'a qu'une chaudière pour

faire évaporer les eaux & faire deſſécher
le ſalin, on perd beaucoup de temps, parce
que l'évaporation ſe ralentiſſant à meſure
que la liqueur s'épaiſſit, l'opération ſe
prolonge en pure perte pour le courant
du travail.

Nous conſeillons donc d'avoir un fourneau
dans lequel on mettra trois chaudières (*voyez
les planches I, II & III*). Celle du milieu,
qui ſera de tôle, ſervira uniquement à l'é-
vaporation des eaux ; dans les deux autres,
qui doivent être de fonte, on achèvera
l'évaporation & on fera le deſſéchement du
ſalin ; à meſure que la liqueur ſe concen-
trera dans la chaudière ou poêle de tôle,
on la paſſera avec une cuillère ou puiſôir de
cuivre, dans les chaudières de fonte, & de
cette manière, l'ouvrier qui conduira les
fourneaux ſera toujours occupé.

Les trois fourneaux qui auront chacun un
foyer avec une porte pour régler le feu,
devant fournir une chaleur conſidérable, on
fera aboutir la fumée qui ſortira de ces
fourneaux, ſous une chaudière de cuivre,
montée en briques, & dont le foyer ſera

de niveau au fourneau des chaudières d'évaporation.

C'est dans cette chaudière de cuivre qu'on échauffera sans dépense, puisqu'on ne fait que profiter d'une chaleur des fourneaux qui étoit perdue, l'eau nécessaire pour le lessivage des cendres.

On pratiquera à cette chaudière un robinet par lequel on conduira l'eau, au moyen d'une chénée de bois, dans les cuviers de lessivage.

On a vu par l'immense quantité d'eau que nous avons employée dans nos lessivages, quoique nous ayons eu la précaution d'agiter continuellement la cendre dans l'eau, que si l'on prend la manière actuelle des Saliniers, & que l'on entasse les cendres dans les cuviers, l'eau ne pouvant aller chercher toutes les parties alkalines pour les dissoudre, ou le travail sera très-prolongé, ou on ne tirera pas moitié de l'alkali que les cendres contiennent : aussi, ne nous proposons-nous pas de conseiller cette méthode ; nous regardons dans le lessivage des terres ou des cendres, le filtre comme une

chose abfolument inutile , puifque la terre
étant plus pefante que l'eau , il fuffit de
lui donner le temps de fe dépofer pour
avoir des liqueurs claires : mais comme ,
fans filtre , l'eau ne fortiroit pas des cuviers,
parce que les cendres s'engorgeroient dans
l'anche placé au niveau du fond , nous
croyons que l'on peut fe fervir d'un moyen
que nous avons adopté pour le leffivage des
terres falpêtrées ; il confifte à avoir un tuyau
de fer - blanc ou de cuivre de la hauteur
du cuvier ; ce tuyau , qui a un pouce de
diamètre , eft terminé à fa bafe en entonnoir
de trois pouces d'ouverture , avec un bord
relevé de quatre lignes de largeur , qui eft
percé de quatre trous pour le fixer avec
des clous au fond du cuvier.

Ce tuyau fe divife , en raifon de fa hauteur , en quatre ou cinq parties qui entrent
l'une dans l'autre comme celles d'une lunette
d'approche, à la différence cependant qu'elles
ne peuvent prendre l'une fur l'autre que d'un
pouce. *Voyez la planche III.*

On place ce tuyau dans le fond du cuvier,
de manière qu'il y ait quatre pouces d'inter-

valle entre lui & l'extrémité du diamètre du cuvier, que l'on perce par-deſſous d'un trou correſpondant à l'ouverture du tuyau; ce trou ſe ferme par une broche de bois : on en met également une dans la partie du tuyau qui correſpond à l'orifice du cuvier.

Alors on charge de cendre le cuvier aux deux tiers de ſa hauteur, on le remplit d'eau, & on braſſe avec un bàton pour bien diviſer la cendre, la réduire en une ſorte de bouillie, & faciliter ainſi la diſſolution de l'alkali.

On laiſſe enſuite dépoſer la cendre & éclaircir la liqueur, après quoi on ôte la broche qui eſt par-deſſous le cuvier, on introduit la main gauche dans la liqueur pour ſaiſir la ſeconde diviſion du tuyau, tandis qu'on enlève la première avec la main droite, la liqueur coule dans une chénée placée ſous le cuvier pour la recevoir ; ſucceſſivement on enlève de la même manière les autres diviſions du tuyau, juſqu'à ce qu'on ſoit arrivé au niveau du précipité de la cendre, après quoi on rétablit le tuyau en place, on remet la broche, & on charge le cuvier avec de nouvelle eau , pour réitérer cette opération jufqu'à ce que la cendre foit épuifée.

On voit qu'il eft néceffaire d'obferver dans ce travail, avec l'aréomètre ou pèfe-liqueur , le degré de faturation de l'eau que l'on retire de chaque lavage , pour ne paffer jamais d'eaux-fortes fur des cendres déjà en partie épuifées ; il convient auffi de repaffer les petites eaux fur des cendres neuves , pour leur faire acquérir un degré de faturation convenable.

Pour régler cette opération , on divifera les quinze cuviers en trois bandes, dont la première fera de fept, la feconde de cinq , & la troifième de trois ; les eaux qui fortiront de la première bande pafferont fur la feconde, & puis après fur la troifième , d'où elles fortiront *eaux de cuite.*

On fera enfuite un lavage , en paffant de la première à la feconde bande, & de la feconde à la troifième ; on continuera de même un troifième & un quatrième lavage, jufqu'à ce que les cendres foient épuifées ; on mettra à part féparément le produit de chacun de ces lavages, que l'on paffera fuc-

cessivement par ordre , & d'après le degré
de saturation, dans la chaudière de cuivre,
pour l'échauffer de nouveau avant de la
mettre sur des cuviers qu'on aura chargés
de nouvelles cendres.

Les eaux destinées à être évaporées doivent
avoir environ quinze degrés de saturation ,
on feroit une trop forte consommation de
bois , & le travail seroit trop lent si on les
évaporoit à un degré plus foible.

Trois ouvriers suffisent pour faire le
travail : deux feront employés au lessivage ,
le troisième fera occupé aux fourneaux , à
diriger le feu, à transporter la liqueur de la
poêle dans les chaudières , à dessécher le
salin , à remplir les vases qui doivent remplacer l'évaporation , à mesure qu'elle se
fait dans la poêle.

En adossant les fourneaux au magasin à
salin , on a en vue d'y procurer une chaleur
suffisante pour tenir la matière dans un état
de sécheresse, qui la préserve de l'humidité
de l'air.

A mesure que le salin fera tiré de la chaudière, on le portera dans le magasin , où on

le mettra dans des tonneaux , dont on aura
fait la tare , on le foulera à mesure avec une
masse , & on aura soin de renfoncer les ton‑
neaux aussitôt qu'ils seront remplis.

Nous avons déterminé la valeur de la livre
du salin à cinq deniers le degré , d'après
l'épreuve de deux onces dans une livre d'eau,
pourvu toutefois que l'aréomètre ne descende
pas dans la liqueur au-dessous de onze degrés ;
car dans ce cas , ce seroit autant la matière
colorante & extractive, qui soutiendroit cet
instrument, que l'alkali même , & le salin
seroit de mauvaise qualité (*a*).

Nous avons dit , en commençant cet
ouvrage , qu'on nomme *salin* , le sel alkali
provenant de l'évaporation d'une lessive de
cendres , & qu'on donne à cette matière le
nom de *potasse* , lorsqu'elle a été calcinée
dans un fourneau de réverbère ; nous avons
dit aussi que le salin attire plus d'humidité de
l'air que la potasse ; c'est pour l'en préserver,

____

(*a*) Les prix des cendres & du salin , qui sont dé‑
terminés dans les Chapitres qu'on vient de lire , sont
anciens ; aujourd'hui ils se trouvent nécessairement dans
la progression des autres marchandises.

pour

pour le rendre d'un transport plus facile &
moins sujet à avarie, qu'on fait subir au salin
l'opération de la calcination ; il est vrai aussi
de dire que cette opération le rend plus pur
& plus propre à divers arts qui en em-
ploient, parce qu'elle lui enlève les parties
grasses & extractives, dont on n'avoit pu le
dépouiller complètement par celle du desséchement dans la chaudière : la ci-devant régie payoit à six deniers le degré, la livre de
potasse calcinée, pourvu qu'elle fût au-dessus
de douze degrés à l'aréomètre.

Nous allons donner le procédé que nous
employons dans nos ateliers pour la calcination du salin.

CHAPITRE VII.

De la calcination du Salin.

CETTE opération se fait dans un fourneau
de six pieds en carré, dont la voûte, formée
en berceau aplati, n'a que quatorze pouces
d'élévation dans le milieu ; (*voyez la pl. IV*).

E

Ce fourneau est divisé en trois parties ou chambres ; savoir, la chambre du four, & les chambres des foyers.

La chambre du four a trois pieds six pouces de largeur, celles des foyers ont chacune un pied de largeur ; elles sont séparées de la chambre du four par une pièce de fer coulé de trois pouces d'épaisseur sur sept de hauteur ; il reste un espace de quatre à cinq pouces entre cette séparation & la partie supérieure de la voûte ; lorsqu'on n'est pas à portée de faire couler en fer ces pièces de séparation, on peut les faire en briques ou en pierres-à-feu.

La chambre du four a une porte de deux pieds, celles des foyers ne sont que d'un pied.

Lorsqu'on veut procéder à la calcination du salin, on commence par mettre du bois dans la chambre du four & dans celles des foyers ; on y entretient le feu pendant environ soixante heures, si c'est la première fois qu'on échauffe le four, ou s'il a été totalement refroidi : on reconnoît qu'il est suffisamment échauffé, lorsque la voûte n'a plus de taches noires ; alors on nétoye parfaitement le four,

& on y place environ trois cents cinquante
à quatre cents livres de salin, que l'on étend
sur toute la largeur de la chambre du four,
& sur les deux tiers seulement de sa longueur, à partir du fond.

On pousse le feu dans les foyers ; le
courant d'air qui est établi par la porte de la
chambre de chaque foyer, porte la flamme
dans le fond & contre la voûte de la chambre
du four, & lui en fait suivre la courbure pour
s'échapper par l'entrée du four, lorsque le
feu est assez considérable.

C'est alors que la flamme se trouvant en
contact avec le salin, le dépouille des parties
grasses & extractives qu'il contenoit : si le salin
contient du sel marin & du tartre vitriolé,
on entend un pétillement occasionné par la
décrépitation de ces sels.

Lorsque le salin a été mis dans le four assez
sec pour donner onze à douze degrés au
pèse-liqueur, la calcination se fait aisément
& sans accident ; mais si au contraire il y a
été mis dans un état humide, aussi-tôt que
l'eau qu'il contenoit est échauffée, elle suffit
pour le mettre en dissolution, & il couleroit

hors du four, si on n'en fermoit l'entrée par
un morceau de bois de quatre à cinq pouces
pour le retenir.

Quand le salin commence à se dessécher,
il prend la consistance d'un gâteau, dont la
croûte inférieure adhère à l'aire du four ;
l'ouvrier qui conduit le travail doit enlever
d'un côté la croûte supérieure qu'il rejette
sur l'autre partie ; la matière adhérente à l'aire
du four, se trouvant alors en contact avec la
flamme, s'élève, se boursouffle & se détache
d'elle-même : l'ouvrier reporte l'autre partie
sur celle-ci, afin de dégager pareillement
celle qui tient encore à l'aire du four.

On se sert, pour cette opération, d'une
pelle de fer, de dix-huit pouces de longueur
sur dix de largeur, dont les bords sont relevés
d'un demi-pouce sur les côtés ; cette pelle a
une queue de sept pieds de longueur, au
bout de laquelle est une douille qui reçoit un
manche de bois de trois pieds de longueur.
Il faut aussi une broche de fer & un rable de
même longueur, emmanchés de la même
manière.

Lorsque le salin a été dans le four pendant

environ une heure, il commence à perdre toute son eau ; c'est dans ce moment qu'il s'enflamme, la matière colorante & extractive se consume, les surfaces blanchissent, on retourne la matière avec la pelle, on porte celle qui étoit à l'entrée dans le fond du four comme la partie la plus chaude, & on ramène celle du fond vers l'entrée.

Le salin, dans cet état, se trouvant privé de toute l'eau qu'il contenoit, & le four étant plus échauffé, il n'est plus nécessaire d'entretenir un aussi grand feu, une bûche suffit dans chaque foyer, on ne remue plus la matière que de demi-heure en demi-heure, elle cesse d'être enflammée & paroît d'un rouge obscur ; c'est lorsqu'on voit que toute la matière est pénétrée d'un feu égal, que l'on juge que la calcination est parfaite ; pour s'en assurer, on prend quelques-uns des plus gros morceaux, on les brise, & s'ils sont dans l'intérieur d'une même couleur qu'à leur surface, c'est une preuve que l'opération est achevée ; on laisse tomber le feu jusqu'à ce que tout le bois soit consommé & qu'il ne rende plus de fumée, qui noirciroit la potasse ; on tire la

matière avec [...] table ou avec la pelle, on le
porte fur une aire préparée & bien propre; &
lorfque la potaffe eft refroidie, on la renfonce
dans des futailles.

La potaffe, à ce degré de calcination, eft
légère, fpongieufe, fonnante & ordinairement
de couleur bleue & blanche; mais fi on la laiffoit
plus long-temps expofée à l'action d'un feu
violent, les parties de ce fel fe tafferoient &
formeroient une maffe vitriforme, lourde, qui
fe diffout difficilement dans l'eau, fans cependant lui rien faire perdre de fa qualité.

Si cette fufion arrivoit avant la parfaite
calcination, le feu ne pouvant plus pénétrer
dans l'intérieur des maffes, pour y détruire la
matière colorante & extractive, la potaffe
feroit de très - mauvaife qualité; on éprouve
cet inconvénient, lorfqu'on calcine du
falin provenant uniquement de la combuftion des plantes, parce qu'il eft mêlé d'une
plus grande quantité de fel marin que celui
qui a été fait avec les cendres des forêts; auffi,
la calcination de celui-ci fe fait aifément en
quatre heures de temps, tandis qu'il en
faut beaucoup plus pour calciner le premier,

parce que le feu doit être conduit avec plus de ménagement.

La propriété qu'ont l'alkali & le sel marin, d'entrer promptement en fusion, lorsqu'ils sont à parties égales, est un moyen pour reconnoître les sophistications que peuvent faire les marchands de salin, en y mêlant du sel marin, dans les Départemens où ce sel a moins de valeur que le salin.

— La potasse de bonne qualité & bien purifiée par la calcination, doit donner quinze degrés à l'aréomètre.

La bois le plus sec, celui qui donne le plus de flamme, est celui qu'on doit préférer pour la calcination du salin, on en consomme un cinquième de corde par mille livres pesant de salin.

Le déchet du salin à la calcination, est depuis dix jusqu'à vingt pour cent, suivant le degré de pureté & de sécheresse dans lequel se trouve le salin, lorsqu'on le met dans le four de calcination.

On construit ces fours avec de la pierre-à-feu ou avec des briques ; ceux faits avec des briques chauffent mieux, mais ils durent

moins ; on réuniroit l'accélération du travail
à la solidité du four, en faisant faire pour
le construire, des briques plus épaisses que
celles qui se vendent ordinairement dans le
commerce.

Nous croyons devoir donner le plan d'un
fourneau de calcination, tel qu'on en construit aujourd'hui en Allemagne ; nous ne
balancerions pas même à lui accorder la préférence sur celui que nous avons indiqué,
si sa construction plus recherchée, n'exi-
geoit pas une beaucoup plus grande dépense.

EXPLICATION DES FIGURES.

PLANCHE Ire.

Figure 1 , HANGAR pour mettre les cendres , fermé en murs de terre ou en torchis, & couvert en paille ; fon étendue fera proportionnée à la quantité de cendres qu'il devra contenir.

Fig. 2, *a*, Table qui doit être dans le hangar.

b , Balances dont les baffins doivent avoir fept pouces de diamètre.

c , *c* , Terrines dans lefquelles on mettra les cendres pour en faire l'effai.

d , Mefure contenant une pinte , ou deux livres d'eau.

e , Papier à filtrer, qui ne doit pas être collé.

f , Vafe pour mettre l'eau de pluie ou de rivière, deftinée à l'effai des cendres.

Fig. 3 , *a* , Tube de verre, dans lequel on filtre la liqueur.

b , Entonnoir de verre.

c , Filtre de papier gris.

Figure 4, Tube de verre rempli de liqueur, dans laquelle l'aréomètre est soutenu à 3 degrés.

Figure 5, Aréomètre ou pèse-liqueur.

Figure 6, Etui de bois pour mettre l'aréomètre.

Figure 7, Coupe dudit étui, dont la partie supérieure doit être garnie d'étoffe de laine.

Figure 8, Brouette pour le transport des cendres.

Figure 9, Pelle de bois.

Fig. 10, Tamis de fil-de-fer pour passer les cendres.

PLANCHE II.

Figure 1, Plan géométral de l'atelier de lessivage & d'évaporation, de 20 pieds de longueur sur autant de largeur.

a, *a*, *a*, Cuviers pour lessiver les cendres.

b, *b*, *b*, Chénée placée sous les cuviers, pour conduire les eaux lorsqu'on les tire des cuviers dans les recettes *C*, *C*.

d, *d*, *d*, Tonnes pour mettre les eaux de lessivage; ces tonnes doivent être percées de plusieurs trous, l'un au-dessus de l'autre, garnis d'anches de bois, par lefquels on tirera les eaux à mefure qu'elles feront éclaircies.

e, Chaudière ou poêle de tôle, dans laquelle on fait évaporer les eaux.

f, f, Petits cuviers remplis d'eau de leffive des cendres, & qui s'écoule par des robinets dans la poêle, pour remplacer la liqueur à mefure qu'elle s'évapore.

g, g, Chaudières de fer, dans lefquelles on paffe la liqueur de la poêle lorfqu'elle commence à s'épaiffir; c'eft dans ces chaudières que l'on achève l'évaporation, & qu'on defsèche le falin.

h, Chaudière de cuivre, échauffée par la chaleur des fourneaux d'évaporation; on paffe dans cette chaudière l'eau qui doit fervir à la leffivation des cendres.

i, Cheminée par laquelle s'échappe la fumée.

k, Petite ferre pour mettre le bois néceffaire pour les fourneaux.

l, Magafin où fe porte le falin lorfqu'il eft tiré des chaudières.

m, Puits.

Figure 2, Coupe du bâtiment de leffivage & d'évaporation.

a , a , Cuvier dé leſſivage.

b , Chénée qui conduit les eaux.

c , Fourneaux dans leſquels ſont montées
     la poêle & les chaudières , dont les
     bords doivent excéder de 2 pouces
     la maçonnerie, pour que l'air frappant
     ſur la partie qui la dépaſſe , empêche
     la liqueur de s'élever & de ſe répandre
     hors des chaudières.

d , Fourneau ſupérieur qui renferme la
     chaudière de cuivre , dans laquelle on
     fait chauffer l'eau deſtinée au leſſivage
     des cendres.

e , e , e , Portes des foyers des fourneaux.

f , f , f , Portes des cendriers , que l'on ouvre ou
     qu'on ferme à volonté pour régler le
     feu.

g , Cheminée des fourneaux qui paſſe dans
     le magaſin à ſalin, pour y entretenir
     conſtamment de la chaleur , & le
     préſerver d'humidité.

i , Porte du magaſin à ſalin.

k , Serre pour mettre le bois néceſſaire
     aux fourneaux.

P L A N C H E   I I I.

Figure 1 , Plan du fourneau d'évaporation.

  a , a , a , Portes des foyers.

  b , b , b , Grilles de fer placées sur le fond des foyers , au-deſſus des cendriers.

  c , c , c , Conduits par leſquels la fumée & la chaleur paſſent des fourneaux ſous la chaudière , dans laquelle on échauffe les eaux du leſſivage.

  d , Languette en brique , qui force la chaleur à circuler autour de la chaudière avant de s'échapper par la cheminée.

  e , Ventouſe par laquelle la fumée entre dans la cheminée.

  f , Tuyau de la cheminée.

Figure 2 , Coupe des fourneaux.

Figure 3 , Autre coupe des fourneaux.

Figure 4 , Poêle de tôle de fer.

Figure 5 , Chaudière de fer avec ſon bourrelet placé à 2 pouces au-deſſous de l'orifice.

Figure 6 , Chaudière de cuivre.

Figure 7 , Petit cuvier avec ſon anche , qui doit être placé à côté de la poêle pour remplacer la liqueur à meſure qu'elle s'évapore.

Figure 8, Seau de bois pour porter les eaux.

Figure 9, Puisoir ou grande cuiller de cuivre qui
      sert à passer la liqueur de la poêle
      dans les chaudières.

Fig. 10, Pelle de fer arrondie pour remuer le
      salin dans les chaudières, & faciliter
      sa dessiccation.

Fig. 11 , Tuyau de fer-blanc ou de cuivre, qui
      se divise en cinq parties , que l'on
      enlève l'une après l'autre pour faire
      écouler la liqueur hors des cuviers.

Fig. 12 , Cuvier dans lequel est placé le tuyau.

Fig. 13, Fourneau économique, dont on peut
      faire usage dans les buanderies pour
      échauffer l'eau destinée à la lessive.

   a, 1re. chaudière de fer avec son foyer.

   b, 2me. chaudière de fer pour faire évapo-
      rer l'eau de lessive, & faire du salin.

PLANCHE IV.

Figure 1 , Plan d'un four de calcination.

   a , Porte du foyer ou chambre à calciner.

   b, *b* , Portes des foyers où on met le bois.

   c, *c* , Petits murs qui séparent les foyers de la
      chambre à calciner.

Figure 2 , Coupe du four à calciner.

Figure 3 , Autre coupe du four à calciner.

Figure 4 , Vue perspective du four à calciner.

Figure 5 , Pelle de fer.

Figure 6 , Pointe de fer pour détacher le falin lorfqu'il adhère aux parois du four.

Figure 7 , Rable de fer pour arranger le bois & pour tirer la potaffe lorfqu'elle eft calcinée.

Figure 8 , Plan d'un four de calcination en ufage en Allemagne.

    a , Chambre du four de calcination.

    b , *b* , Chambre des foyers où on met le bois fur un gril de fer.

    c , *c* , Murs qui féparent la chambre du four de celles des foyers.

    d , Bouche du four de calcination.

    e , *e* , Bouches des foyers.

    f , *f* , Bouches des cendriers.

Figure 9 , Coupe du four.

    g , Voûte du four.

    h , Glaife qui couvre la voûte du four.

    j , *j* , Soupiraux de la voûte.

k, Mur de front qui foutient la voûte du four.

l, l, Barre de fer qui traverfe la maçonne-rie ; elle eft percée par les bouts pour recevoir une clef.

m, m, Pièces de bois qui empêchent l'écarte-ment de la voûte.

n, n, Ouverture de la voûte du four pour le paffage de l'air.

Figures 10 & 11, } Profil du four à calciner.

Fig. 12, Vue perfpective du four à calciner.

EXPÉRIENCES

EXPÉRIENCES

Sur les moyens de multiplier la fabrication de la Potasse, par le citoyen PERTUIS.

N. B. L'art de fabriquer le Salin & la Potasse, que l'on vient de lire, & que la ci-devant Régie des poudres fit imprimer en 1779, (vieux style) donna lieu au citoyen PERTUIS, alors ingénieur militaire, de suivre sur différentes plantes les expériences qu'elle avoit faites sur plusieurs espèces de bois, pour connoître les quantités de cendres & de potasse qu'ils pouvoient produire ; nous nous empressons de leur donner la publicité qu'elles méritent. Elles offrent de nouvelles ressources au zèle de ceux qui préparent la foudre, protectrice de notre liberté ; chaque livre de potasse, qu'ils retireront facilement de plantes inutiles & nuisibles, leur produira deux livres de salpêtre.

LE salin ou la potasse est, comme on le sait, un sel alkali fixe végétal, que l'on retire du lessivage des cendres des végétaux. Outre la consommation que l'on en fait pour régénérer le salpêtre, ce sel est encore d'un très - grand usage dans la fabrication des glaces & des verreries, dans celle des savons, dans la fonte des métaux, dans la

F

teinture ; & fous la forme de cendres , dans le leſſivage, blanchiſſage & dégraiſſage du linge.

Juſqu'à la publication de l'art de fabriquer le ſalin & la potaſſe (en 1779 , vieux ſtyle) , nos connoiſſances ont été auſſi bornées qu'incertaines ſur les végétaux qui produiſent le plus ou moins de ſalin , & ſur la manière la meilleure & la plus économique de le fabriquer.

Nous ſommes partis du point où les ci-devant régiſſeurs ſont reſtés. En comparant enſemble les réſultats de leurs expériences , nous avons vu que les bois , le hêtre , le chêne , le charme , l'orme , le tremble , le ſapin & le ſaule , rendoient moins de cendres & de ſalin que les arbuſtes , le buis & le ſarment de vigne, & que les arbuſtes produiſoient moins de cendres & de ſalin que les plantes , la tige de blé de Turquie & le tourneſol.

Nous avons encore remarqué qu'en général les végétaux donnoient d'autant plus de ſalin, qu'ils rendoient plus de cendres.

Nous avons donc été naturellement amenés à conclure que c'étoit dans les plantes , & au beſoin dans les arbuſtes , qu'il falloit chercher les plus grandes reſſources en ſalin , & qu'il falloit laiſſer au blanchiſſage du linge les cendres de bois qui , dans beaucoup d'endroits , & notamment à Paris , ſont encore inſuffiſantes pour cet uſage , malgré la grande confommation que cette commune fait en bois.

On va voir que ces reffources font immenfes , encore que nous en exceptions tous les arbuftes rares, ou qui font de quelque utilité, ou qui fervent au chauffage de celui qui les cultive , & toutes les plantes rares , utiles, ou qui exigent de la culture , parce que le produit de ces dernières en falin ne récompenferoit pas le cultivateur de fes peines & de fes dépenfes.

Nous ne mettrons à contribution que les plantes & les arbuftes fauvages , inutiles ou nuifibles, que la nature offre avec une véritable profufion fur la furface de la terre , & quelques débris des végé-taux qui font ordinairement perdus.

Des plantes , Arbuftes & débris de végétaux propres à convertir en cendres.

Les débris de végétaux font les remanans ou brindilles des branches des bois en exploitation , les bois fecs & non pourris (*a*) des ventes , les copeaux d'abattage & les feuilles fraîches tombées

---

(*a*) Les bois pourris , la fciure de bois , les copeaux minces des menuifiers & des layetiers, faits par la plane ou le rabot , forment bien des cendres par la combuftion; mais elles contiennent très-peu de falin.

de toutes espèces d'arbres , dans les endroits où ces différens objets sont abandonnés.

Les arbustes sont le genêt , le jonc marin , le genevrier , le grand & petit houx , la grande & petite bruyère , la viorne , le lierre , le troëne ou druinet , les épines , les ronces , &c. , qui croissent dans les forêts , les bois , les landes , les pâtis , les haies , les communes.

Les plantes sont les orties , les chardons , le bouillon blanc , la ciguë , l'yèble , l'arrête-bœuf , la nièle , la titimale , la rhue , la bourache , la parelle , le grand fenneçon , le panais sauvage , le mille-pertuis & la digitale ; les roseaux , les glayeuls , les joncs , les baumes & une variété prodigieuse d'autres grandes plantes terrestres , aquatiques , marines & marécageuses qui croissent sans soins , comme sans culture , sur les guérets cultivés & en friche , sur le bord des chemins , des grandes routes , dans les fossés de clôture , dans ceux des villes , sur leurs remparts , dans les bois , &c.

La plûpart de ces plantes sont dédaignées par les bestiaux , & ils n'usent de quelques-unes que lorsque la faim les presse ; leur dépouille annuelle est perdue presque par-tout , même dans les lieux où le bois est cher , aux portes de Paris.

Tout le monde sait le tort que toutes les plantes & arbustes en général font aux grains , aux pâturages , aux jeunes femis & recrues des bois , aux clôtures , &c. ; ainfi , le parti qu'on propofe de tirer de ces plantes parafites & nuifibles , qu'il eft impoffible de détruire , eft encore un mérite de plus à notre découverte.

- Cela pofé , paffons à nos expériences.

Les cendres obtenues font le produit d'un quintal de matière avant la combuftion.

Le chêne , le tremble , le charme & le hêtre , brûlés par la ci-devant régie , ont donné un produit moyen en cendres , d'un quintal de bois fec , 1 liv. 1 onc. 1 gros , 43 grains.

Produit en cendres des débris des végétaux fuivans.

Menues branches de charme , prifes en mai , sèches , 2 liv. 2 onc. 2 gros.

Menues branches de hêtre , prifes *idem*. 2 liv. 5 onc. 6 gros , 48 grains.

Menues branches de chêne , prifes *idem*. 2 liv. 8 onc. 2 gros.

Bourgeons de charme & de hêtre , cueillis dans le moment où ils commençoient à fe développer , 4 liv. 3 onc. 4 gros.

Tontures d'orme , charmilles , jafmins , prifes en juillet , vertes , 6 liv. 11 onc. 5 gros 36 grains.

Idem pefées vertes en juillet, & féchées enfuite ; trois-quarts sèches, 3 liv. 7 onc. 6 gros 18 grains.

Feuilles de tilleuls fraîches, détachées en octobre & chargées d'un peu de fable, *idem*. 6 liv. 8 onc. 5 gros.

Produit moyen en cendres d'un quintal de remanant & tontures d'arbres ci-deffus, 3 liv. 10 onc. 4 grains.

Différence en leur faveur fur le produit de la régie, 2 liv. 9 onc. 6 gros, 33 grains.

Produit en cendres des arbuftes fuivans.

Genevriers pris en mai, à Villers - Cotterets ; trois-quarts fecs, 3 liv. 8 onc. 7 gros 36 grains.

Genevriers de l'Ifle-Adam, en feptembre, fecs, 4 liv. 4 onces.

Houx pris en mai, trois-quarts fecs, 3 liv. 4 onc. 4 gros.

Jonc marin en juin, *idem*, 2 liv. 14 onces, 7 gros.

Genet commun en mai, *idem*, 2 liv.

Bruyère en juin, demi-fèches, 2 liv. 6 onc. 4 gros.

Idem, verte, 2 liv. 7 onc.

Idem, en octobre, avec fa graine, *idem*, 2 liv. 14 onc. 30 grains.

Viorne, en septembre, au quart sèches, 5 liv. 4 onc. 7 gros, 50 grains.

Produit total, 29 liv. 6 gros, 44 grains.

Produit moyen en cendres d'un quintal de ces arbustes, 3 liv. 3 onc. 5 gros, 66 grains.

Différence en leur faveur sur le produit des arbres forestiers, brûlés par la régie, 2 liv. 2 onc. 4 gros, 23 grains.

Les arbustes produisent donc un peu moins de cendres que les remanans, mais beaucoup plus que la pile des arbres forestiers.

Produit en cendres des plantes suivantes.

Ortie commune, mêlée d'un quart de gramen, prise en juin, sèche, 10 liv. 10 onc. 6 gros.

Idem prise en septembre ; regain avec peu de graine, verte, 6 liv. 8 onc.

Chardon commun à grosse tête & à fleurs rouges, en juin & en pleine fleur, verte, 4 liv. 5 gros, 36 grains.

Bouillon blanc, dont moitié avec sa racine bien purgée de terre & en fleur, *idem*, 2 liv. 13 onc.

Idem en septembre, la graine presque mûre & sans racines, au tiers sec, 5 liv. 9 onc. 5 gros, 20 grains.

Fougère en juillet, verte, 2 liv. 8 onc.

Idem , pefée verte , & féchée enfuite , trois-quarts sèche , 2 liv. 6 onc. 7 gros.

Idem prife en août, sèche, 5 liv. 1 gros.

- *Idem* , fin de feptembre, ayant quelques graines, au quart sèche , 4 liv. 15 onc. 5 gros , 36 grains.

Bourrache , Parelle , Rhue , Réveil-matin & quatre autres plantes inconnues , prifes fin de juillet, les unes en graines, les autres en fleur , vertes , 5 liv. 1 onc.

Chardons des grains , fin d'août , graines en partie perdues, au quart fec, 10 liv. 8 onc.

Idem moins mûr, pefé verd, & féché enfuite , fec, 7 liv. 8 onc.

Chardon-Roland , feptembre , un peu trop mûr , 6 liv. 9 onc. 6 gros.

Idem pefé , deux tiers fec, & féché enfuite, fec , 5 liv. 6 onc.

Yèbles , pris en feptembre , le fruit commençant à rougir , verd , 3 liv. 11 onc. 2 gros, 48 grains.

Idem pefés verds & brûlés fecs, fec , 3 liv. 1 onc. 2 gros , 48 grains.

Foin groffier , compofé de plufieurs mauvaifes herbes , & d'un quart de bonnes , *idem*, 7 liv. 6 onc. 2 gros.

Grand Senneçon & cinq autres plantes inconnues , prifes dans les bois, fin de feptembre, au tiers fec, 4 liv. 3 onc. 4 gros.

Six grandes plantes des bois, à nous inconnues ,

prifes en feptembre , mûres , *idem* , 6 liv. 5 onc. 6 gros, 36 grains. __

Patience fauvage , graines en partie perdues , prife en feptembre , trois - quarts sèche , 5 liv. 2 onc. 6 gros.

Panais fauvages de deux efpèces , pris en feptembre , avec graines , au quart fecs , 5 liv. 6 gros.

Mille-pertuis, Gueule-de-Lion , & cinq autres grandes plantes des bois à nous inconnues , pris en feptembre , au tiers fec , 4 liv. 2 onc. 2 gros.

Digitale des bois , graines à moitié tombées , demi-sèche , 7 liv. 10 onc. 7 gros , 24 grains.

Efpèces particulières d'Ortie des bois nouvellement exploités , prifes en graine, un tiers sèche , 5 liv. 13 onc. 6 gros.

Foirolle des jardins, en automne, en fleurs , avec les racines, verte, 3 liv. 13 onc. 4 gros , 36 gr.

Morelle d'arrière-faifon , prife en octobre , fans fruit & avec fes racines, *idem*, 5 liv. 5 onc. 3 gros, 54 grains.

Plante céréale des bois , trop mûre , prife en feptembre, demi-sèche , 5 liv. 13 onc. 6 gros.

Glayeul de rivière , à larges feuilles , pris en juillet, au quart fec, 4 liv. 5 onc. 1 gros, 24 grains.

Glayeul d'étang , à larges feuilles , pris en feptembre, au quart fec, 4 liv. 4 onc. 1 gros, 40 gr.

Glayeul carlet des marais , pris fur une tourbe faine , en feptembre , pefé verd & brûlé , trois-quarts fec , 2 liv. 6 onc. 4 gros.

Glayeul à feuilles étroites , pris en feptembre , pefé verd & brûlé , *idem* , 2 liv. 15 onc. 4 gros.

Grand jonc rond des étangs , pris en feptembre , mûr & en graines , au tiers fec , 3 liv. 13 onc. 2 gros.

Idem de rivière , pris en juillet , au quart fec , 3 liv. 13 onc. 5 gros , 24 grains.

Rofeau plumaffeau des marais , pris en feptembre , pefé verd & brûlé , deux tiers fec , 4 liv. 5 onc. 3 gros.

Grand rofeau des étangs , à épi cylindrique & à duvet , un quart fec , 7 liv. 2 onc. 4 gros , 48 gr.

Grande plante inconnue , à tige canneufe , feuille femblable à celle du faule , fleur purpurine , graine menue & rougeâtre , prife en lieu humide , trop mûre , *idem* , 3 liv. 6 onc. 1 gros , 24 gr.

Morelle grimpante , prife en feptembre , *idem* , 5 liv. 6 onc.

Mélange de petits joncs ronds des marais , d'herbes marécageufes , chargées de leurs graines , pefées vertes & brûlées , trois - quarts fecs , 2 liv. 14 onc. 5 gros , 24 grains.

Idem mêlé d'herbes meilleures & plus fines , prifes en feptembre , *idem* , 6 liv. 15 onc. 1 gros , 18 grains.

D'autres grandes plantes, à nous inconnues, prifes dans les marais, mélangées de houblon, les unes en graines, les autres en fleur, en feptembre, demi-sèches, 4 liv. 9 onc. 5 gros, 36 grains.

Baumes de différentes efpèces, mêlés avec de grandes plantes des fontaines, les unes en fleurs & les autres en graines, pris en feptembre, verds, 4 liv. 7 onc. 7 gros.

Perficaire, en feptembre, *idem*, 3 liv. 13 onc. 5 gros, 54 grains.

Grande plante des bois, humide, feuille étroite, fleur purpurine & prefque femblable à la giroflée de Mahon, graines en coffes effilées, prifes en feptembre, au tiers verte, 9 liv. 8 onc. 2 gros.

Tiges de falfifis d'Efpagne, fans graines, en juillet, deux tiers vertes, 5 liv. 10 onc.

Produit total en cendres des 44 quintaux de plantes brûlées par nous, 227 liv. 2 onc. 5 gros, 63 grains.

Produit moyen d'un quintal, 5 liv. 2 onc. 4 gros, 60 grains.

Différence en leur faveur fur le produit en cendres des bois foreftiers, brûlés par la régie, 4 liv. 1 onc. 3 gros, 17 grains.

Nous conclurons de toutes ces expériences:

1°. Que les arbuftes & les remanans produifent trois fois, & les plantes cinq fois plus de cendres que la pile des arbres foreftiers;

2°. Que la pile des arbres produit moins de cendres que les branches , & celles - ci moins de cendres que les feuilles ;

3°. Que les plantes brûlées à leur point de maturité produisent plus de cendres que les mêmes plantes brûlées avant ou après leur maturité.

4°. Que les végétaux brûlés verds produisent plus de cendres que lorsqu'ils font pesés verds & brûlés secs ;

5°. Que les rapports des produits en cendres des végétaux font , en général , en raison inverse de ceux établis par la foutine.

Voyons donc leurs produits en falin.

Nous aurions défiré pouvoir lessiver les cendres de toutes les expériences précédentes , & en extraire le falin ; mais le temps nous a manqué. Nous avons donc été forcés de nous restreindre , & de ne lessiver les cendres que de huit plantes prises au hasard dans notre tableau.

Le lessivage a été fait sur 8 onces de cendres de chaque plante, suivant le procédé indiqué dans l'art de fabriquer le falin & la potasse.

Tableau du produit en salin des cendres des plantes brûlées par nous.

ESPÈCES DES PLANTES.	PRODUIT EN SALIN.			Quantité d'eau employée pour épuiser les cendres.
	onc.	*gros.*	*grains.*	*liv.*
Ortie commune.	1	7	1	28
Chardon commun.	1	0	37	14
Fougère des bois.	1	0	0	14
Chardons des grains.	1	3	71	18
Glayeul des étangs.	1	4	1	22
Grand Glayeul.	1	1	0	16
Grand Jonc de rivière.	1	4	0	20
Jonc à plumasseau.	0	7	36	12

Nota. On ne trouve point dans cette table le degré auquel l'aréomètre est descendu dans la première eau du lessivage des cendres ; l'insuffisance de l'épreuve indiquée page 31 de l'art de fabriquer le salin, &c., pour déterminer le prix des cendres, en est la cause.

« Cette épreuve , disent les régisseurs, consiste » à peser exactement 8 onces de cendres, que l'on » met dans un vase ; on y verse une pinte d'eau

» bouillante (ou deux livres) , & on filtre une
» portion fuffifante de la liqueur pour y plonger
» l'aréomètre , &c. »

Il faut que les cendres employées par la régie,
pour conftater la méthode d'épreuve, fuffent bien
pefantes fpécifiquement , puifqu'après le leffivage
des 8 onces de cendres par deux livres d'eau , &
la filtration , il eft refté fuffifamment de liqueur
pour remplir le petit vafe deftiné à plonger l'aréomètre.

Il n'en eft pas de même des cendres des plantes.
Elles abforbent tellement les deux livres d'eau
bouillante, qu'après la filtration on trouve à peine
de quoi remplir au quart le vafe dont il s'agit. Nous
n'avons donc pu conftater le degré d'afcenfion de
l'aréomètre dans ce vafe.

Afin de pouvoir comparer nos produits en falin
avec ceux des quatre efpèces de bois foreftiers de la
régie , nous les réduirons tous à la même échelle ,
au quintal de matière avant la combuftion.

Tableau du produit en cendres & en falin des arbres foreftiers brûlés par la régie.

NOMS DES VÉGÉTAUX.	PRODUIT EN CENDRES.				PRODUIT EN SALIN.			
	liv.	onc.	gros.	grains.	liv.	onc.	gros.	gr.
Chêne.........	1	5	5	3	0	2	3	50
Tremble.......	1	3	6	4	0	1	1	45
Charme........	1	2	0	33	0	2	0	4
Hêtre.........	0	9	2	62	0	2	2	51
	liv.	onc.	gros.	gr.	liv.	onc.	gros.	gr.
Total....,..	4	4	6	30	0	8	0	6
	liv.	onc.	gros.	gr.	liv.	onc.	gros.	gr.
Produit moyen d'un quintal de ces bois........	1	1	1	43	0	2	0	1

Tableau des produits en cendres & en salin des huit espèces de cendres que nous avons lessivées.

NOMS DES VÉGÉTAUX.	PRODUIT EN CENDRES.				PRODUIT EN SALIN.				Obser-vations
	liv.	*onc.*	*gros.*	*gr.*	*liv.*	*onc.*	*gros.*	*gr.*	
Ortie commune.	10	10	6	0	2	8	0	33	Les tourbes produisent très-peu de Salin. Cette opinion est fondée sur huit expériences que nous avons faites.
Chardon commun.	4	0	5	36	0	8	4	61	
Fougère des bois.	5	0	1	0	0	10	0	9	
Chardon des grains.	10	8	0	0	1	15	3	51	
Glayeul à larges feuilles.	4	4	1	40	0	12	6	30	
Idem à feuilles étroites.	2	15	4	0	0	6	5	32	
Grand jonc de rivière.	3	13	5	24	0	11	4	36	
Jonc à plumasseau.	4	5	3	0	0	8	1	3	
Total. . . .	45	10	2	28	8	1	2	23	

Produit

	Cendres.		Salin.	
	liv. onc. gros. gr.		liv. onc. gros. gr.

Produit moyen d'un
quintal de ces plantes...   5   11   2   22 | 1   0   1   23

En ne comptant le produit moyen en cendres d'un quintal de plantes que 5 liv. 2 onc. 4 gros, 60 grains, tel que nous l'avons trouvé ci-deſſus, & en faiſant ſur le produit en ſalin une réduction relative, le rapport du produit d'un quintal de bois en cendres & en ſalin, à celui d'un quintal de plantes en cendres & en ſalin, ſera comme 1 à 5 pour les cendres, en négligeant les fractions, & comme 1 à 8 pour le ſalin (*a*).

Nous ajouterons encore, en faveur de nos plantes, qu'il faut un homme très-robuſte pour abattre & ſcier 4000 liv. peſant ou deux voies de bois en un jour. Les deux voies produiroient 42 liv. 15 onc. 7 gros, 64 grains de cendres, dont on tireroit à-peu-près 6 liv. 6 onc. de ſalin. Or, en ſuppoſant le quintal de ces cendres à 40 ſols, il reviendroit au journalier 17 ſ. 2 d. pour les deux jours que le travail l'occuperoit, ſavoir, un jour

_____

(*a*) Ces rapports auroient été bien plus grands, ſi, à l'exemple de la régie & de Wildenheim, nous avions fait ſécher toutes nos plantes & arbuſtes avant de les peſer; car on ſait que les plantes diminuent des deux tiers de leur poids en ſe ſéchant; & d'ailleurs, lorſque nous avons leſſivé ces cendres, elles avoient déjà contracté un peu d'humidité.

G

pour abattre & fcier le bois , & un autre pour le brûler , & en tranfporter la cendre. Maintenant , qu'on lui faffe payer la permiffion de fourager les bois , il ne lui reftera pas fa nourriture.

Au lieu qu'un homme de moyenne force peut aifément, dans fa journée , fcier 6000 liv. pefant de plantes qui produiroient 309 liv. 12 onc. 2 gros de cendres, & 60 liv. 9 onc. 7 gros, 12 grains de falin. En fuppofant le quintal de ces cendres au même prix (ce qui ne feroit pas jufte , à caufe de leur qualité fupérieure), il reviendroit à ce journalier 6 liv. 3 f. quelques deniers pour fes deux journées.

Nous devons avertir que toutes ces plantes & arbuftes ont été brûlés avec tout le foin dont nous fommes capables ; & que , fi quelqu'un étoit tenté de vérifier quelques-unes de nos expériences, il ne trouveroit dans les produits en cendres que les différences provenantes de la nature du fol & du climat , & qui ne peuvent pas être confidérables ; quant aux produits en falin , ils font néceffairement au-deffous de ceux qu'auroit obtenu un chimifte confommé.

Voilà donc la récolte du falin affurée,fans entraves, fans avoir même tiré de nos reffources le quart des produits que nos expériences promettent; & fi on permet aux faliniers , après avoir livré à la fabrication des poudres tout le falin néceffaire,de vendre le furplus aux arts , on concevra facilement que

l'intérieur de la république pourra fournir la totalité
de leur confommation.

On en fera même perfuadé , fi , aux reffources
déjà citées , on ajoute la gravelle des tonneaux où
le vin a féjourné , la fuie des cheminées , lorfqu'on
ne s'en fert pas comme engrais ; la lie des vins ,
lorfqu'on ne la vend pas aux chapeliers ; le marc
des raifins , lorfqu'il ne fert pas à chauffer le
vigneron , ou à faire de l'eau-de-vie ou des engrais ;
la paille de farrafin , ou blé noir , lorfqu'on n'en
fait pas litière aux beftiaux ; celle des haricots ,
du blé de Turquie , de la fève des marais & de la
fève des chevaux ; la paille des autres plantes po-
tagères & des fleurs de jardins ; le tronc des choux ;
les feuilles des arbres ifolés , & fur - tout celles du
noyer , du châtaignier & de l'orme , quand on n'en
fait pas du fourage ; la feuille du maronnier d'inde
& fon fruit ; la fanne des pommes de terre, avant
qu'elles ne foient fannées par les gelées ; l'herbe
qui refte dans les chenevières ; la feuille du chanvre
& l'enveloppe de fa graine , après qu'il eft battu &
vanné ; le marc des cidres & de la bierre ; la paille
de la navette & du colzat ; celle de la camomille ;
les mouffes bien purgées de terre ; le chiendent ,
& généralement toutes les plantes rejetées des
vignes, des grains & des jardins, lorfque les beftiaux
ne peuvent les ufer.

Tous les végétaux ou débris de végétaux contiennent plus de falin que les bois, & peuvent être brûlés & leffivés avec avantage.

Enfin, s'il étoit poffible de raffembler & de recueillir toutes les eaux des buanderies de la république, on obtiendroit, par leur évaporation, une quantité confidérable de falin.

De la récolte des plantes & arbuftes.

Les émondages des charmilles & tilleuls peuvent fe brûler dès le mois de germinal, ou au plus tard en floréal.

Les remanans des ventes en exploitation doivent fe brûler pendant l'hiver ; plus tard le bourgeon fe détache en féchant, & alors ils donnent beaucoup moins de cendres.

Aux premiers remanans que l'on brûlera, on peut réunir les feuilles encore faines & les copeaux d'abattage.

Les feuilles du noyer, du châtaignier, de l'orme & du maronnier d'inde & fon fruit, doivent fe brûler immédiatement après leur chûte. Plus la feuille eft fraîche tombée, plus elle donne de cendres.

La bruyère, le genêt, le houx & le jonc marin fe brûleront en vendémiaire, ainfi que les épines & les ronces. Il ne faut pas attendre que leurs feuilles foient tombées.

Les plantes fauvages terreftres doivent fe moiffonner en prairial, meffidor & fructidor, lorfque leurs graines font formées fans être trop mûres. On reconnoît qu'une graine eft mûre, lorfque les feuilles inférieures commencent à jaunir fans accidens. Cependant, fi les circonftances l'exigeoient, on pourroit couper les plantes en fleurs. Dans cet état, elles produiroient plus de cendres que fi elles étoient defféchées, mais moins que dans leur maturité.

. Il y a peu de plantes à récolter en prairial, fi ce n'eft l'ortie & le chardon commun ; mais elles abondent dans les mois de meffidor & thermidor. Les bois en ont encore en fructidor, & la fougère n'y eft bonne à couper que dans ce temps.

On reconnoît que la fougère eft mûre, lorfque fon verd jaunit. Les plantes aquatiques fe récolteront en vendémiaire : plus tard, elles feroient defféchées & rendroient moins de cendres ; & fi on les laiffoit fe putréfier, on en obtiendroit bien peu de falin. On juge de la maturité des joncs, des glayeuls, des rofeaux, lorfque l'extrémité de leurs grandes feuilles commencent à fe deffécher.

Malgré l'avantage qu'il y a à brûler les plantes encore vertes & dans leur maturité, il ne faut cependant pas laiffer perdre celles qui auroient eu le temps de fécher fur pied.

De la manière de brûler les végétaux.

Tout ce qu'on peut tirer des ventes en exploitation ou de leur voifinage, peut être brûlé fur le lieu même.

Mais il faut avoir l'attention de cesser lorsque les vents font grands & que l'on se trouve sur leur direction. Sans cela, on risqueroit de perdre beaucoup de cendres, & d'incendier les forêts.

Les arbustes & les plantes de jeunes taillis peuvent être brûlés dans les chemins voisins & dans les places à charbons.

Les autres plantes se brûleront en plein champ. On doit prendre la précaution de ne pas se placer trop près des grains en maturité, des moissons, des maisons & des arbres, crainte d'accidens.

En brûlant les plantes & les arbustes sur les lieux, on sent combien on gagne de temps sur le transport, pour peu qu'on soit à quelque distance de chez soi.

On brûlera les végétaux verds, puisqu'ils produisent plus de cendres dans cet état ; cependant, comme ils brûleroient trop lentement, on peut les faire plus ou moins fanner, suivant leur espèce. Par exemple, toutes les plantes aquatiques demandent à être brûlées, desséchées au quart ; les terrestres n'ont pas besoin d'être fannées à ce point, & les arbustes brûlent très-bien tout verds.

Pour brûler à l'air, on doit chercher une place où le terrein soit ferme, uni & à l'abri des vents. Si le pays est uni, il faudra se pourvoir de paillassons pour s'en garantir. Le feu établi, il faudra le pousser modérément ; trop de flamme enlève & disperse les cendres.

Les plantes doivent être posées mollement sur le

foyer & fans être trop preffées. A mefure qu'elles
fe confument, on retrouffe les bords fur le milieu,
à l'aide d'une fourche & d'une pelle : les reftes de
plantes & la cendre des bords ainfi retrouffés ,
on aura moins de parties charbonneufes , & le tout
fe brûlera mieux.

Lorfqu'on aura beaucoup de plantes à brûler ,
la manière la plus prompte & la plus économique
fera d'établir plufieurs foyers , éloignés de 18 pieds
environ les uns des autres ; la même perfonne
pourra les foigner. Ces deux feux réunis s'échauffe-
ront mutuellement, & on perdra le moins de temps
poffible.

Les plantes confumées , la braife refte quelque-
fois 4 , 5 & 6 heures fans s'éteindre. Pour en ac-
célérer l'entière combuftion , on la remuera de
temps en temps , & on remettra les bords dans le
milieu du foyer. Cette opération faite , on rappor-
tera le foir chez foi les cendres du jour , afin de
les préferver de la pluie & des vents.

Si l'abondance des plantes n'eft pas confidérable , & qu'on ne puiffe en faire qu'une ou deux
falourdes à portée de chez foi , il vaut mieux les
rapporter à fon domicile ; on les y brûlera à loifir
& à petit feu.

On ne pourra , fans rifquer de l'incendier ,
brûler dans fa maifon les plantes sèches & les
arbuftes chargés de feuilles. Le houx, le genevrier

& le jonc marin , sur-tout , donnent des torrens subits de flamme , très-dangereux pour les couvertures.

Il sera nécessaire de réunir dans le foyer de sa maison , ou dans le four , les cendres des plantes brûlées en plein air , pour achever de consumer les parties charbonneuses dont elles pourroient être chargées.

En les recuisant , elles se concentreront , elles perdront très-peu de leur poids , & seront bien plus estimées.

Les cendres , ainsi recuites & refroidies , seront enfermées dans des tonneaux couverts , que nous engageons , d'après notre propre expérience , à tenir dans des lieux bien secs , parce qu'elles ont une grande affinité pour l'eau.

EXPÉRIENCES

Du citoyen B. G. SAGE.

J'AI imprimé le premier , il y a dix ou douze ans , que le marc du raisin étoit , parmi les substances végétales, celle qui produisoit le plus d'alkali fixe, puisque , d'après les expériences en grand que j'engageai Bullion à faire , parce qu'il avoit un vignoble , il en est résulté que cent livres de marc de raisin ont produit deux livres quatre onces

d'alkali·

d'alkali fixe : quatre mille livres produifent donc quatre-vingt-dix livres de ce falin.

Le marc de raifin étant abandonné dans la plûpart des pays vignobles, je penfe qu'il eft de l'intérêt de la république de veiller à ce qu'on en tire parti.

Le marc de raifin, contenant plus d'alkali que les autres fubftances végétales, exige plus de précautions pour être incinéré.

Il faut brûler par petits tas les marcs defféchés ; car fi les cendres éprouvent un feu violent, elles produifent un émail cellulaire d'un blanc verdâtre. On leffive les cendres de marc de raifin, & par l'évaporation dans des chaudières de fer, on obtient de l'alkali fixe plus pur que celui qu'on retire des autres végétaux.

Le tableau des produits de différentes fubftances végétales en alkali fixe ou potaffe, démontre l'avantage qu'il y a à retirer ce falin du marc de raifin. Le chêne ne produit qu'un deux cent trente-deuxième de cendres, & fix livres trois onces d'alkali par quatre mille livres de bois ; le marc de raifin en fourniffant près de quatorze fois plus, mérite donc la plus grande attention.

* H

Tableau des produits de différentes substances végétales, en alkali fixe ou potasse.

Bois & plantes.	Poids des bois & plantes.	Quantité d'alkali.	
		liv.	onces.
Marc de raisin	4600 liv	90	
Soleil ou tournesol		30	
Sarment		23	
Orme		15	10
Saule		11	10
Buis		9	
Chêne		6	3
Hêtre		5	14
Charme		5	
Tremble		3	
Sapin		1	

Les cendres étant en réquisition & employées en France à la confection du salpêtre, on peut leur substituer, pour la lessive du linge, la terre blanche que produisent les os brûlés; elle contient un soixante-quatrième de soude blanche, ou natron, quantité d'alkali, qui équivaut au moins à la potasse contenue dans la cendre des bois.

F I N.

De l'Imprimerie de BOISTE, rue Haute-Feuille, N°. 21.

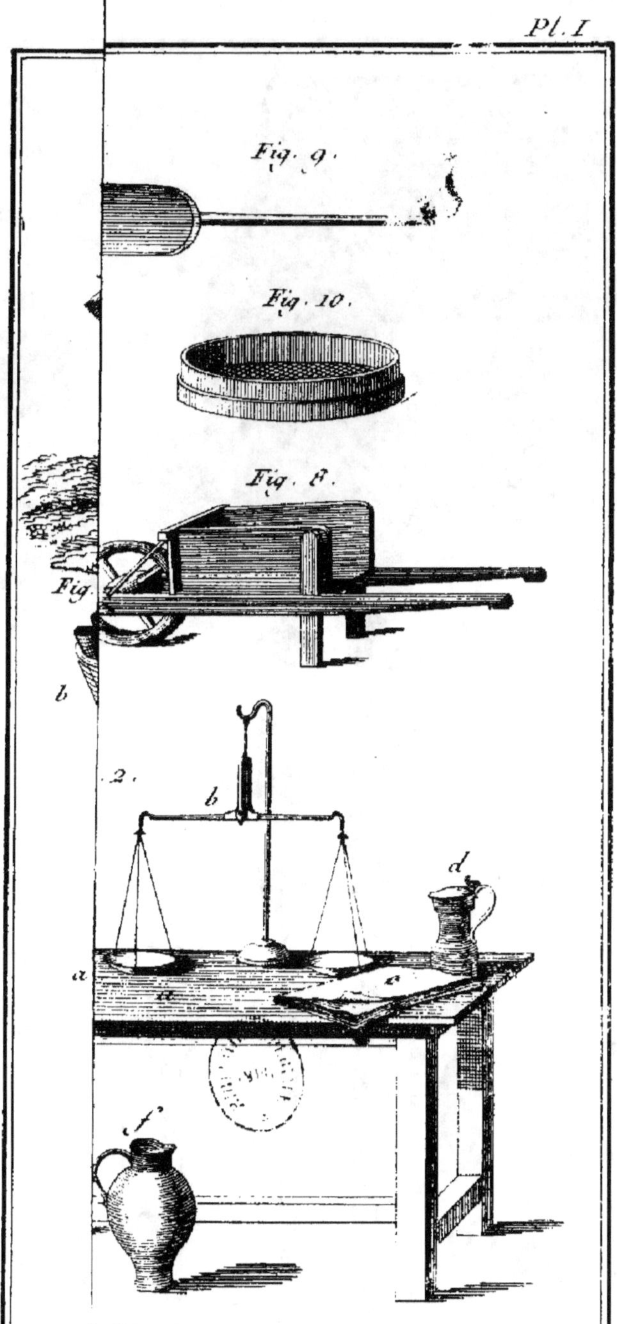

Pl. I
Fig. 9.
Fig. 10.
Fig. 8.
Delettre Sc.

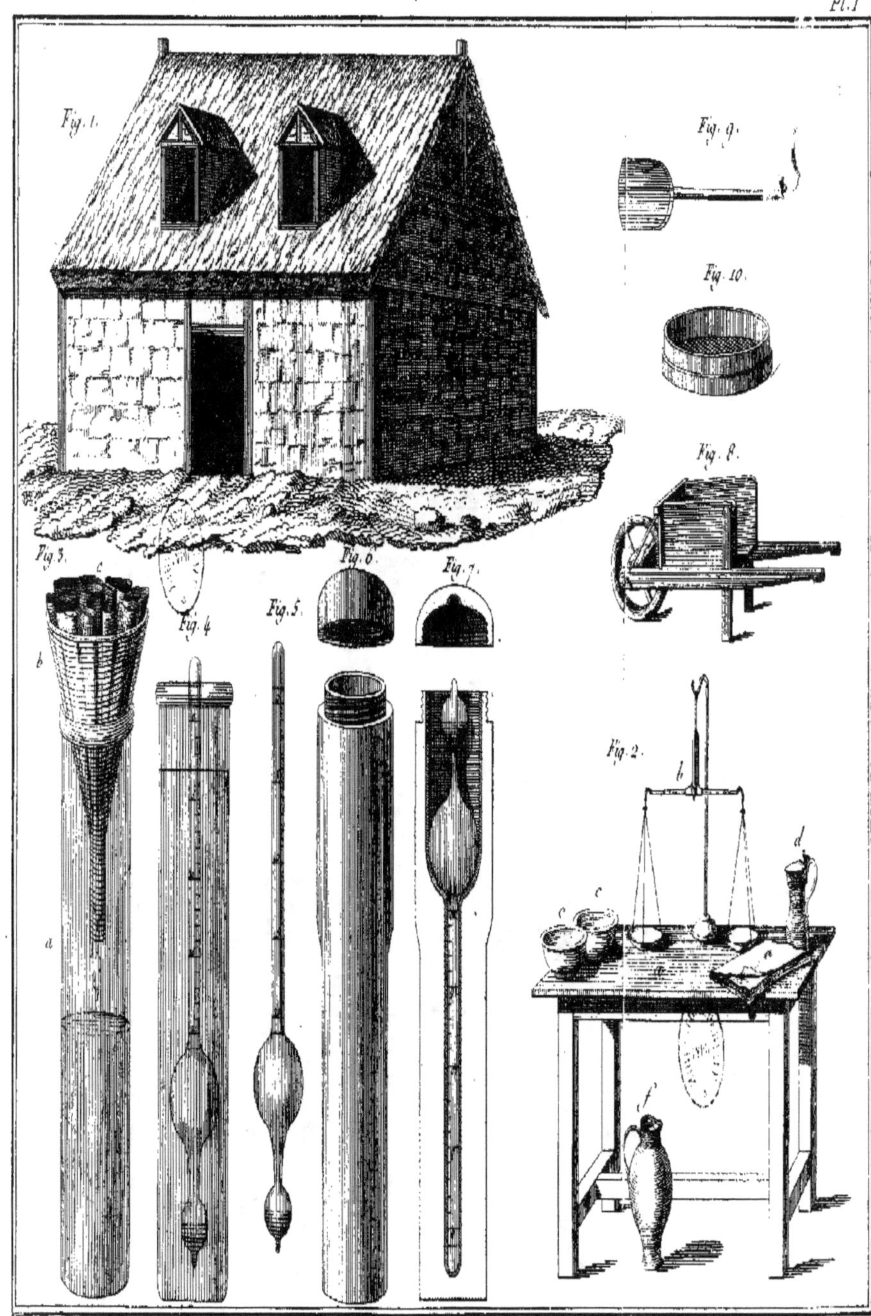

Pl. 1
Fig. 1.
Fig. 2.
Fig. 3.
Fig. 4.
Fig. 5.
Fig. 6.
Fig. 7.
Fig. 8.
Fig. 9.
Fig. 10.
a
b
c
d

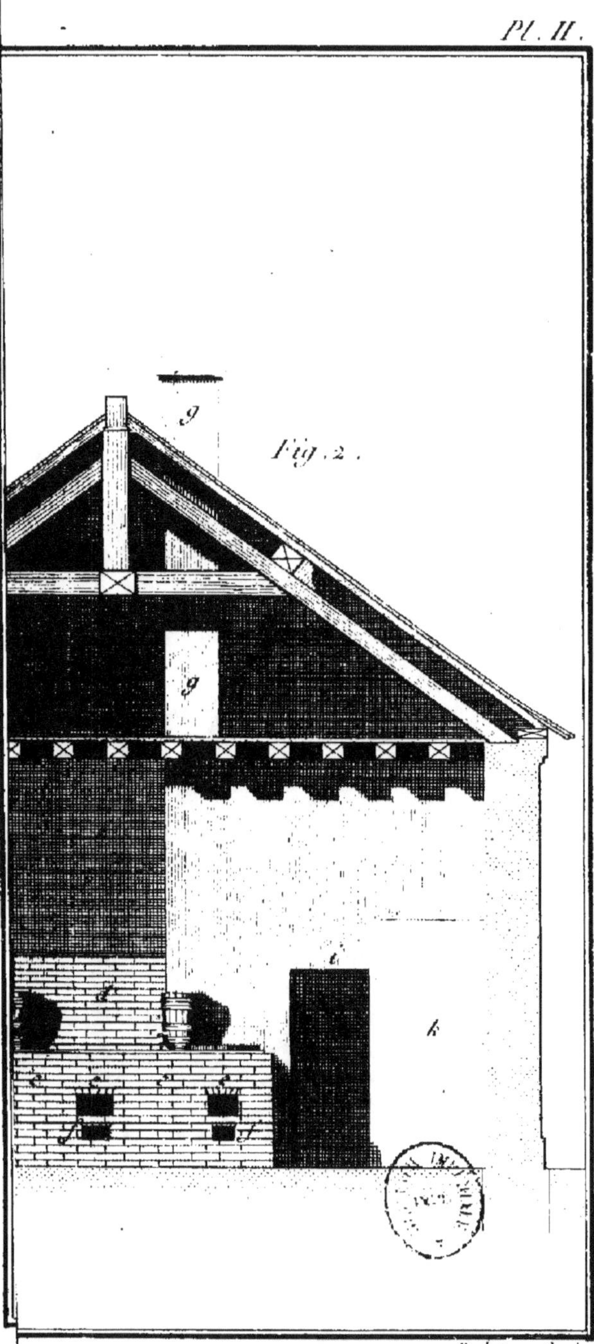

Pl. II.
Fig. 2.
Delettre Sculp.

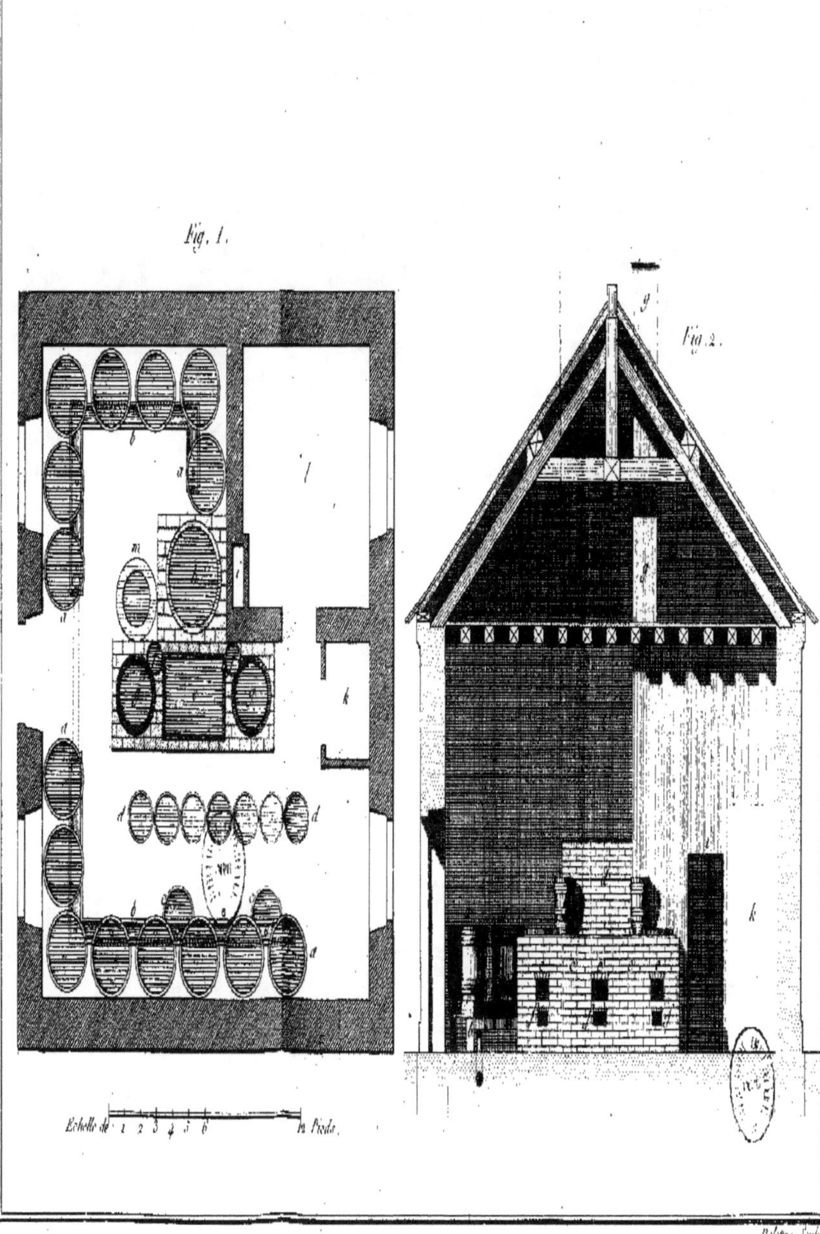
Fig. 1.
Fig. 2.
Echelle de 1 2 3 4 5 6 12 Pieds.
Delêtre Sculp.

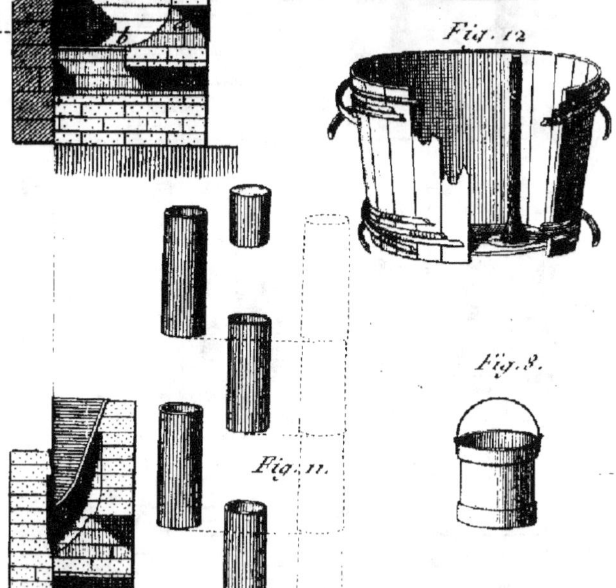

Fig. 5.
Fig. 6.
Fig. 4.
Fig. 12.
a.
b.
Fig. 11.
Fig. 8.
Fig. 7.
Gravé pe

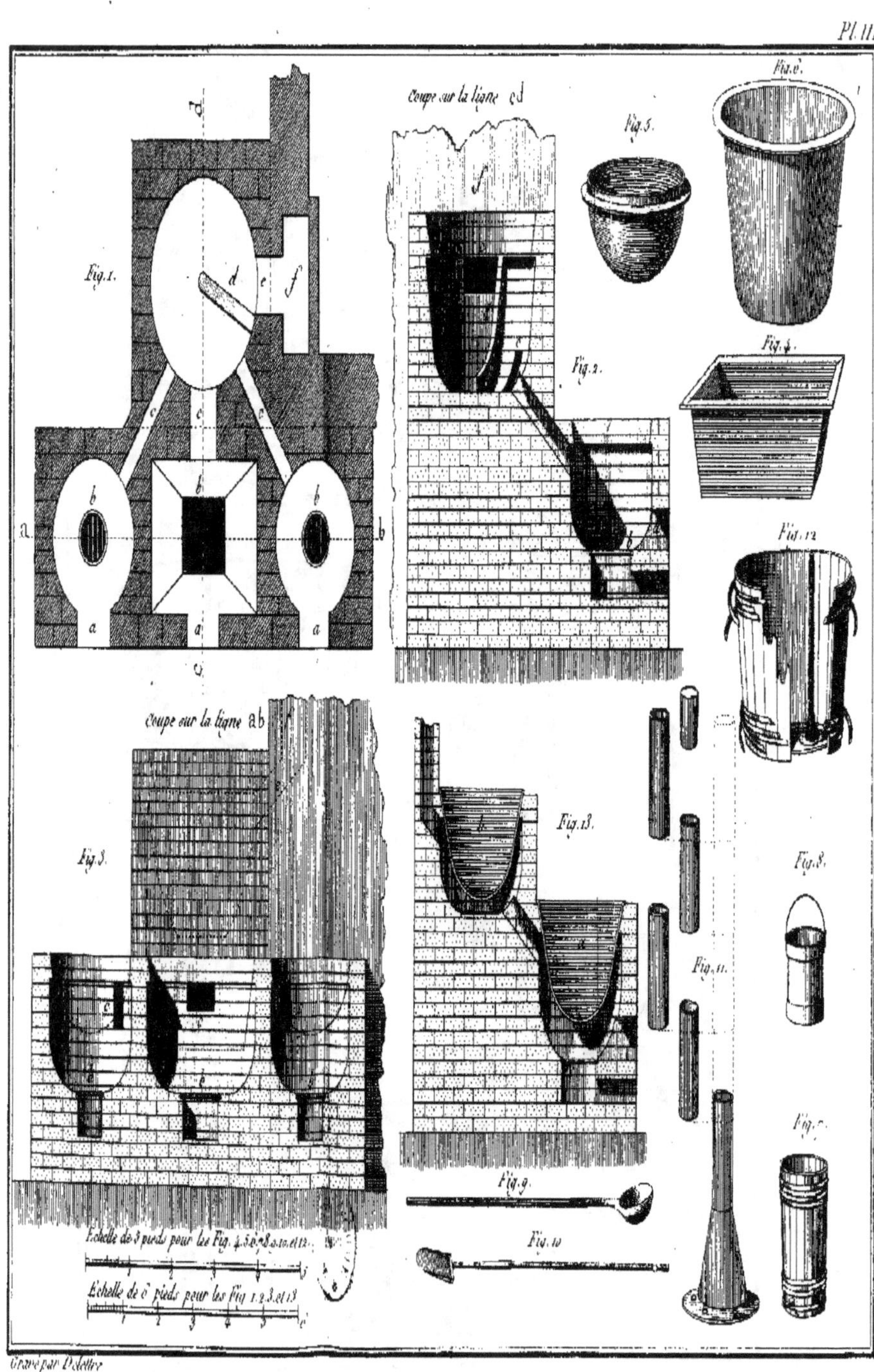

Pl. III.
Coupe sur la ligne cd
Fig. 6.
Fig. 5.
Fig. 1.
Fig. 2.
Fig. 4.
Fig. 12.
Coupe sur la ligne ab
Fig. 3.
Fig. 13.
Fig. 8.
Fig. 11.
Fig. 9.
Fig. 10.
Fig. 7.
Echelle de 3 pieds pour les Fig. 4. 5. 6. 7. 8. 9. 10. et 12.
Echelle de 6 pieds pour les Fig. 1. 2. 3. et 13.
Gravé par Delettre

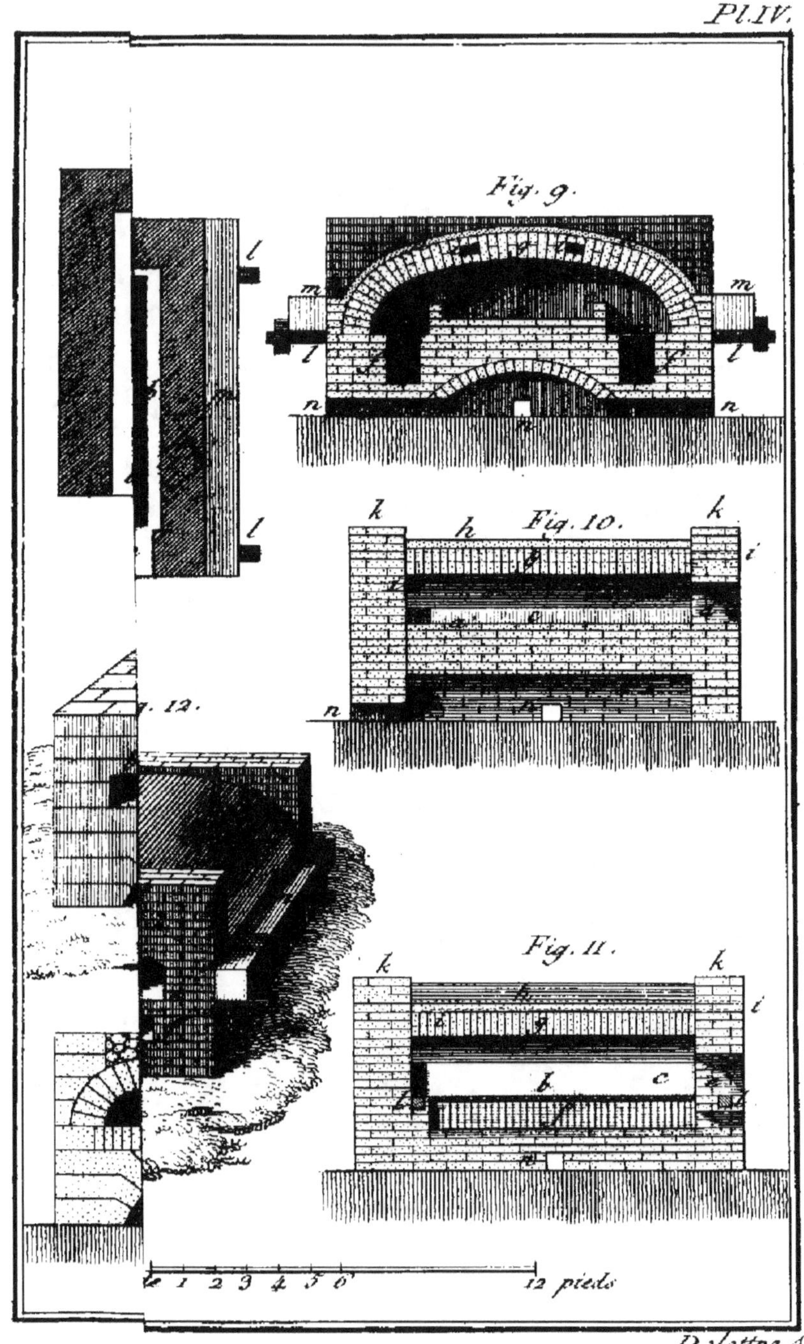

Fig. 9.
Fig. 10.
Fig. 11.
12.
12 pieds
Delettre Sc.

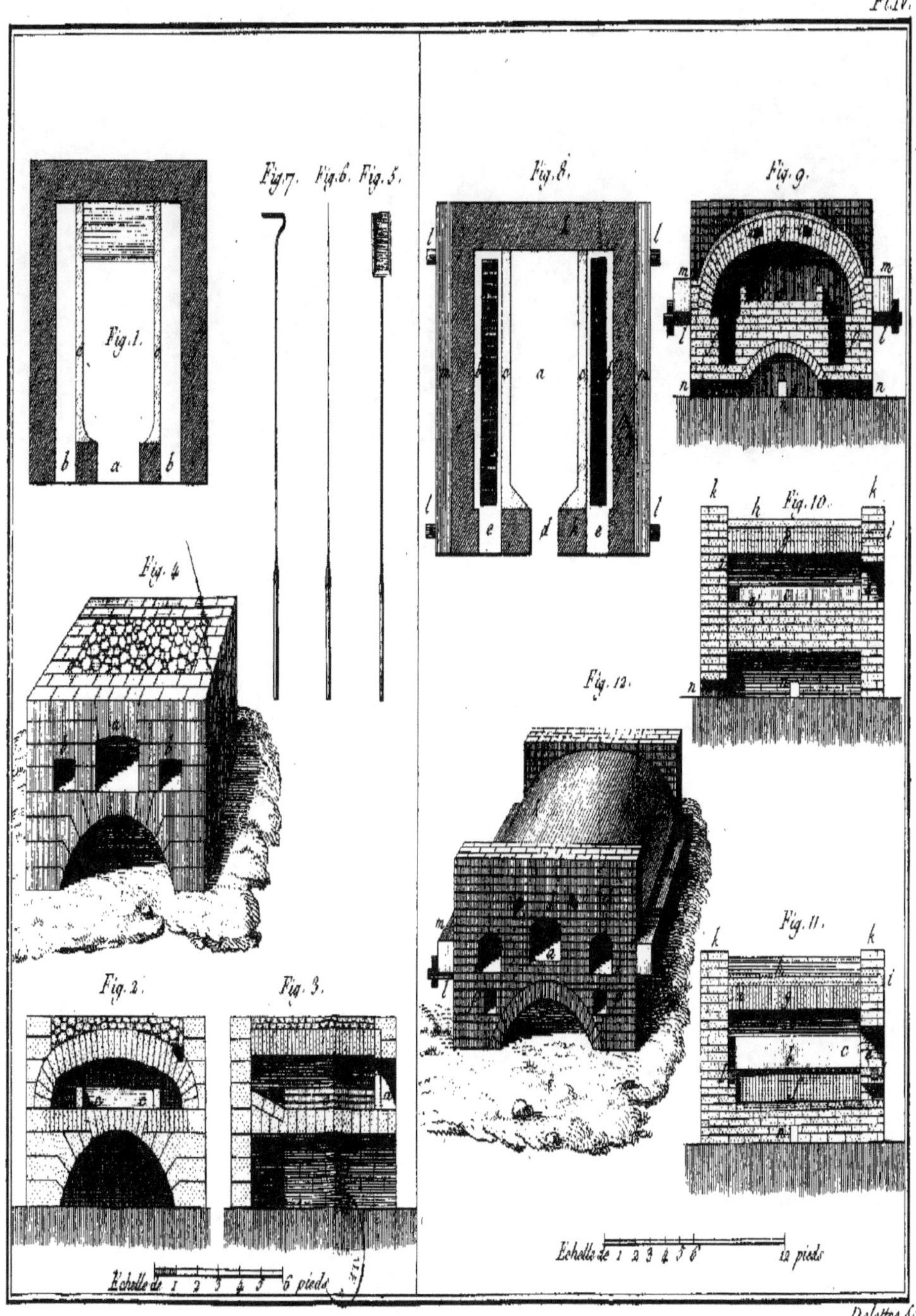
Fig.7. Fig.6. Fig.5.
Fig.8.
Fig.9.
Fig.1.
Fig.4.
Fig.10.
Fig.12.
Fig.2.
Fig.3.
Fig.11.
Echelle de 1 2 3 4 5 6 pieds
Echelle de 1 2 3 4 5 6 12 pieds